Lb 45 10

RECUEIL

DE

PIÈCES INTÉRESSANTES

Relatives aux Événemens qui ont eu lieu, à Bordeaux et dans le département de la Gironde, en 1814 et 1815, la plupart de ces pièces inconnues jusqu'à ce jour.

A BORDEAUX,

DE L'IMPRIMERIE DE FERNEL,
Rue du Grand-Cancera, n°. 28.

———————

1817.

INTRODUCTION.

La brochure qu'on va lire n'est autre chose qu'un Recueil de pièces dont la plupart sont ignorées. Mais, vont nous dire plusieurs personnes, nous connaissons les faits qui y sont contenus, et même, ou nous y avons pris part, ou nous en avons été les spectateurs ; que sert donc de nous entretenir de choses qui nous sont si généralement connues ? *A cela nous répondons :*

Que l'œil le plus attentif laisse toujours quelque chose derrière lui ; qu'il a été impossible de tout voir, et qu'au surplus, tout le monde ne s'est pas trouvé à Bordeaux, et que c'est précisément pour les étrangers que nous avons pensé à former ce Recueil.

On s'apercevra facilement qu'il aurait pu y avoir plus d'ordre dans la distribution des morceaux qui le composent. On y remarquera, par exemple, que le jugement du Duc d'Enghien est précédé d'une notice intéressante sur ce brave descendant du Grand Condé, et que certaines dates ne se suivent pas.

Mais nous observerons à nos lecteurs, que plusieurs personnes nous ayant témoigné le désir de posséder ce Recueil, nous nous sommes décidé à le livrer à l'impression tel qu'il est. Heureux s'il peut plaire à quelques-uns ! C'est alors que nous nous croirons suffisamment dédommagé de nos peines.

Nous prions les personnes qui auraient quelques pièces nouvelles à nous faire part, pour ajouter à un travail dont nous nous occupons, de vouloir les faire parvenir à l'imprimeur de cette brochure, avec leurs noms ; elles peuvent compter sur notre discrétion, si elles ne veulent pas être connues.

D......

RECUEIL

De Pièces intéressantes

Relatives aux Événemens

de 1814, 1815 et 1816,

Et inconnues jusqu'à ce jour.

COPIE d'une Lettre écrite à une Dame qui s'était réfugiée à la campagne, lors de l'approche des Anglais à Bordeaux, ou relation exacte de ce qui s'est passé le 12 Mars 1814, en cette ville.

Bordeaux, 17 Mars 1814.

MADAME,

Comme le plus pressant et le plus intéressant pour vous, est d'avoir les détails que vous me

A

demandez, je vais entrer en matière sans d'autre préambule.

L'approche des Anglais avait mis la ville dans une grande fermentation ; les malveillans ou les gens trompés par leur trop de crédulité, répandaient les bruits les plus défavorables : à les entendre, on eut cru que les Anglais mettraient tout à feu et à sang ; aussi la désertion fut-elle considérable ; un grand nombre d'habitans partirent à la hâte pour Libourne, ou autres lieux voisins. Les autorités tînrent plusieurs conseils présidés par le sénateur Cornudet ; on y agitait les plus sinistres projets ; il ne s'agissait de rien moins que d'incendier la rade, d'abattre plusieurs quartiers de la ville, de forcer le peuple à se défendre.

M. le Préfet et M. le Maire surtout s'opposèrent fortement à ce qu'on ne prît aucune de ces résolutions ; on dit même, qu'il y eut prise de corps entre M. le Préfet et M. Cornudet. Celui-ci, voyant le parti contraire plus fort que le sien, se retira à Libourne, où il est encore, et où, dit-on, il cherche à faire tout le mal possible.

Le 8, le 9 et le 10 furent employés à faire évacuer les bureaux d'administration, les caisses publiques, le lycée, les hôpitaux militaires, en un mot, tout ce qui est du

gouvernement. On avait établi des postes français à St-Julien, à la Chapelle du Bequey,
(et je me rappellerai long-tems de celui-là,
car mon ami D......., que vous devez connaître, et moi, y fûmes arrêtés le 9 mars), au
pont de la May, et jusqu'à Castres, où était
la gendarmerie. Le 11, il y eut une légère
escarmouche, trois gendarmes furent portés
blessés à l'hôpital St-Raphaël. Nous reçûmes le
même jour (nous Gardes royales) l'ordre du
Commissaire du Roi, M. de Taffart-de-Saint-
Germain, cet ordre portait : « de nous ren-
» dre le lendemain 12, vers les 9 heures du
» matin, sur la place St-Julien, non en
» corps organisé, mais isolément et comme
» attirés par la curiosité, sans armes, et mu-
» nis d'une cocarde blanche : il nous fut en-
» joint de mettre la cocarde au chapeau dès
» l'apparition des Anglais, et de crier : *Vive
» le Roi! vive nos libérateurs!* » Cet ordre
fut ponctuellement exécuté, comme vous
allez le voir.

Le lendemain matin, cinq ou six cavaliers
anglais poursuivaient un pareil nombre de
gendarmes, presque jusqu'à la Chapelle du
Bequey ; cette circonstance annonçant l'arrivée prochaine des Anglais, les autorités se
déterminèrent à évacuer la ville, et à en faire

sortir tout ce qu'il y avait de troupes , compo-
sées de quelques détachemens des soldats de
la commune et de quelques gendarmes.

La garde urbaine prit les armes, et se mit sur
deux rangs à la place St-Julien, pour faire
observer le bon ordre et contenir la populace ,
qui y était en grand nombre.

L'évacuation de la ville par les autorités
par les troupes et annonçait assez qu'on
était dans la disposition de se rendre , pour
qu'on n'en pût douter ; et ce qui confirme cette présomption ; fut l'arrivée, vers les
huit heures du matin, d'une quarantaine de
cavaliers anglais : ce petit détachement entra
dans la ville avec des paroles de paix ; plusieurs
de ceux qui le composaient étaient Français, et
le parlaient par conséquent très-bien. Ils furent conduits à la commune, où ils deman-
dèrent qu'on livrât le magasin des vivres
établi à Bacalan ; ils y furent conduits sur-le-
champ, sans essuyer la moindre insulte et
sans en faire à personne. Alors , le peuple qui,
quelques instans auparavant avait paru cons-
terné, donna dans un excès contraire : la joie
était peinte sur tous les visages, la toilette
était recherchée, chacun manifestait assez ou-
vertement son impatience de voir arriver les
Anglais, qu'on regardait, avec raison, comme

des libérateurs. Il est vrai que le bruit cou-
rait qu'un Prince Français était dans l'armée,
et le peuple, toujours avide du merveilleux et
de la nouveauté, témoignait hautement sa satisfaction. On s'était porté en foule au pont
de la May, où un piquet de cavalerie anglaise
s'était arrêté et avait mis pied à terre. Leur
bonne tenue et leur aménité augmentèrent la
confiance des habitans : ce n'était plus des vainqueurs ennemis qu'on se disposait à recevoir,
mais des amis, des alliés, des libérateurs ; plusieurs parlementaires anglais, ou officiers supérieurs, qui passaient par intervales sur le
grand chemin, étaient salués au cris de *vive
les Anglais !*

Enfin, parut le corps principal de cavalerie
anglaise, fort d'environ 800 hommes ; aussitôt
on arbora la cocarde blanche, et des cris de
*vive le Roi ! vive Louis XVIII ! vive les
Anglais !* se firent entendre de toutes parts ;
deux individus offrirent le laurier aux Anglais,
qui l'acceptèrent avec beaucoup de grâce.

Dans le même temps, M. le Maire s'avançait
au-devant des Anglais, accompagné de sa
garde et d'un cortège nombreux ; il harangua
M. le général anglais ; on observa pendant ce
temps un profond silence : et comment l'eu-
rait-on interrompu ! il exprimait et les vœux

des Bordelais pour le retour de l'ordre de choses , et surtout leur attachement pour leur légitime Souverain.

M. le général anglais répondit : que c'était
au nom de Louis XVIII qu'il prenait possession de la ville; qu'il traiterait, non pas comme
conquise, mais comme alliée; que ce n'était
point aux Français qu'il faisait la guerre , mais
à leur gouvernement. A ces mots, des cris de
vive le Roi! vive les Anglais! vive George!
furent mille fois répétés.

M. le Maire , de son côté , sortit la croix
de la Légion d'honneur, ôta de son chapeau
la cocarde tricolore , qu'il jetta loin de lui
avec dédain , et y substitua une belle cocarde
blanche ; aussi-tot ses gardes en firent autant.
Rien n'était plus agréable à voir pour les Bordelais, que ces braves gendarmes plaçant leurs
casques , et fouler aux pieds de leurs chevaux
ces oiseaux voraces trop long-temps nourris
du sang Français.

Nous prîmes les devant , au nombre d'une
douzaine, et nous nous présentâmes aux postes
de la garde urbaine, établis à la place Saint-
Julien; les gardes qui n'étaient pas prévenues
de ce qui venait de se passer , crièrent *à bas
la cocarde*, et croisèrent leurs bayonnettes
sur quelques-uns de nos gens ; mais le

torrent se précipita, et les gardes urbaines, sacrifiant leur amour-propre à la tranquilité publique, abandonnèrent leurs postes, et se retirèrent isolément. Aussitôt, la première compagnie de la Garde royale, organisée dans l'ombre du mystère, fut mise sur pied, et occupa les principaux postes.

Les Anglais et le cortège de M. le Maire traversèrent la rue Bouhaut, couverts de lauriers, et au milieu des acclamations de tout le peuple, qui s'y était porté en foule, les cris de *vive Louis XVIII! vive le Maire! vive les Anglais!* se firent entendre, et l'on peut dire, qu'à l'exception de quelques misanthropes, la réjouissance était générale : les boutiques étaient fermées ; les travaux étaient suspendus ; chacun voulait avoir sa part dans la joie publique. Jamais Bordeaux n'avait offert un aspect aussi riant ; il est vrai que le temps était très-beau, la chaleur excessive, on eût dit être au mois d'Août.

Une seule chose tenait encore les esprits en suspend, et semblait arrêter les derniers élans de la joie publique et générale : on ne voyait point le Prince Français, on le cherchait en vain au milieu des généraux alliés, on portait des regards inquiets de tous côtés. Mais cette cruelle incertitude ne fut pas longue. Les Anglais étaient entrés à 11 heures du matin dans la ville : S. A. R. le Duc D'A*-*GOULÊME y entra vers les 3 heures, non comme les tyrans ou comme les despotes, escortés par une garde formidable, mais seul, et au milieu de son peuple, qui s'était jeté en foule sur son passage ! Tel le bon Henri IV parcourait les rues de sa capitale, sans autre escorte que l'amour de ses sujets et ses nombreux bienfaits.

On fit annoncer un *Te Deum* pour les 4 h., à la Cathédrale ; et le Prince s'y rendit accompagné de M. le Maire et de toutes les autorités. Les voûtes du Temple rétentirent long-temps des cris de *Vive le Roi ! vive Son Altesse Royale !*

Le Prince sortit par la nouvelle porte, et traversa, par conséquent, toute la nef sans garde, sans escorte, extrêmement pressé par le peuple jaloux de le voir et de lui témoigner son bonheur. On conduisit Son Altesse Royale jusqu'au Palais royal. Enfin, l'abolition des impôts vexatoires, de la conscription, de la tyrannie, la certitude d'un bonheur prochain, le retour de la justice, de la seule liberté désirable, tels furent les résultats de cette journée glorieuse, qui n'a pas coûté une seule goutte de sang.

La rivière n'est pas encore entièrement libre et navigable, mais c'est la seule chose qui manque au bonheur des Bordelais, et nous espérons que cet obstacle sera bientôt levé.

Voilà, Madame, les détails que vous me demandez. Je regrette vivement de n'avoir pas su mieux les rendre ; mais je vous certifie qu'ils sont vrais, ayant été à même de tout examiner et de tout entendre.

Puissiez-vous, du reste, trouver dans l'exactitude que j'ai mis à vous répondre, une preuve de mon zèle à vous prouver que j'ai l'honneur d'être,

Madame, votre obéissant serviteur,

N.....

ADRESSE AU ROI. (1).

SIRE,

IL est enfin brisé le sceptre de la tyrannie. La France respire. Le règne du bonheur va recommencer.

---

(1). Cette adresse, votée par le Corps municipal de Bordeaux, le 11 Avril 1814, a été portée le 13 suivant, à *Monseigneur le Duc d'Angoulême*, qui a bien voulu l'accueillir, et se charger de la faire parvenir au Roi, qui était alors à *Hartwell*.

VIVE LE ROI ! VIVE SON AUGUSTE FAMILLE! tel est le vœu du cœur de tous les âges, de tous les sexes.; tel est le cri mille fois répété., chaque jour, à chaque instant du jour.

SIRE, la ville de Bordeaux, heureuse entre toutes les villes de votre Royaume, a., la première, proclamé son Roi. Le Corps municipal, organe des habitans de cette cité., éprouve l'impérieux besoin de vous adresser l'hommage de son respect, de sa fidélité, de son amour, au premier moment où il a pu se rassembler.

Héros de la clémence, Roi très-chrétien, Fils de St.-Louis, en pardonnant aux erreurs, aux égaremens, aux crimes, vous donnez aux Français une leçon et un exemple qui les pénètrent d'admiration et d'attendrissement.

Oui, SIRE, nos larmes coulent, mais ce sont des larmes de bonheur et de joie. Vos paroles de paix font oublier les maux que nous causa l'homme méchant, l'ennemi de toute patrie.

L'Europe entière, ses nobles Souverains, applaudissent à nos transports, à notre enthousiasme. Ils reçoivent le prix de leurs magnanimes efforts : ils rendent à la France son Roi ; la paix des nations est assurée.

Que ne devons-nous pas aussi à cette Nation grande et généreuse qui vous offrit un toit hospitalier, qui a amené au milieu de nous MONSEIGNEUR LE DUC D'ANGOULÊME, votre digne représentant, le vertueux époux de la plus intéressante Princesse, à laquelle s'attachent des souvenirs si nobles, si attendrissans !......

Nous nous abandonnons, SIRE, à votre autorité tutélaire. Venez, ô Roi si désiré, venez : remontez sur un trône que vos vertus vont purifier ; et reprenez cette couronne qui ne cessa jamais de vous appartenir.

VIVE LE ROI !

Nous sommes avec le plus profond respect,

SIRE ,

DE VOTRE MAJESTÉ ,

Les très-humbles, très-obéissans et très-fidèles serviteurs et sujets,

Les Maire, Adjoints du Maire et Membres du Conseil municipal de votre bonne ville de Bordeaux,

Le comte *Lynch*, maire ; le comte *M. de Puységur*, adjoint ; *Labroue*, adjoint ; *de Piis*, adjoint ; *Arnoux*, adjoint ; le chevalier *de Mondenard*, secrétaire-général ; *Furtado*, *Maydieu*, *Monbalon*, *Balguerie* junior, *de Pontet*, *Lassabathie* aîné, *Mackarty*, *J. B. Nairac*, *Clarck*, *Declercq*, chevalier, *de Castelnau*, *Delpit*, *Denucé*, *Dufourg* aîné, *Saint-Amans*, *Chicou-Bourban*, *Émérigon*, *Archbold*.

Extrait de la Proclamation de S. A. R.
MADAME, *Duchesse d'Angoulême, sous la
date du 22 mars 1815.*

« Généraux, officiers, et vous soldats si
dignes de vos chefs, recevez l'expression de
mes sentimens. Vous m'avez renouvelé votre
serment de fidélité ; vous avez été témoins de
l'effet qu'il a produit sur moi. La patrie est
menacée ! Vous fûtes citoyens avant d'être soldats. Dans ce moment, l'intérêt de vos familles, la sûreté de l'état qu'il faut aussi préser-
ver de toute invasion étrangère, *l'honneur,
le Roi et la Patrie* vous réclament ; je compte
sur vous. Rangez-vous autour du trône ; défendu par la valeur de l'armée et l'amour de
la nation, il est inébranlable. »

*Le I.er. Avril, S. A. R. s'étant fait rendre
compte de la position des choses et de l'esprit des troupes, dit :*

« Je vais aller visiter les casernes, dit-elle,
» et juger par moi-même de la disposition
» des troupes. »

En effet, à deux heures Elle monte en voiture découverte ; une escorte nombreuse d'of-
ficiers-généraux, de chefs de différens corps,
l'accompagne

l'accompagne à cheval (je vous assure que
cette marche guerrière avait quelque chose
de bien imposant). On arrive à la caserne
de St.-Raphaël. Un profond silence y règne
à l'entrée de MADAME; Elle met pied à terre;
et, passant deux fois dans les rangs avec
cette dignité que vous lui connaissez, Elle
vient ensuite se placer au centre, annonçant l'intention de parler aux officiers. Ils
se réunissent autour d'Elle. Alors, d'un ton
très-élevé, Elle leur adresse ces mots :
« Messieurs, vous n'ignorez pas les événe-
» mens qui se passent. Un étranger vient de
» s'emparer du trône de votre Roi; Bor-
» deaux est menacé par une poignée de ré-
» voltés. La Garde nationale est déterminée
» à défendre la ville. Voilà le moment de
» montrer qu'on est fidèle à ses sermens : je
» viens ici vous les rappeler, et juger moi-
» même des sentimens de chacun pour son
» Souverain légitime. Je veux qu'on parle
» avec franchise; je l'exige... Etes-vous dis-
» posés à seconder la Garde nationale dans
» les efforts qu'elle veut faire pour défendre
» Bordeaux contre ceux qui viennent l'atta-
» quer? Répondez franchement. »

Pour toute réponse... Silence absolu !

« Vous ne vous souvenez donc plus des

B

» sermens que vous avez renouvelés il y a si
» peu de jours entre mes mains !... S'il existe
» encore parmi vous quelqu'un qui s'en sou-
» vienne et qui reste fidèle à la cause du Roi,
» qu'il sorte des rangs et qu'il s'exprime hau-
» tement. » Alors, un petit murmure se fit
entendre, et l'on vit quelques épées se lever
en l'air.

« Vous êtes en bien petit nombre, reprit
» MADAME ; mais n'importe, on connaît au
» moins ceux sur qui l'on peut compter. »

Des protestations de dévouement à sa Personne lui furent adressées par quelques-uns
de la troupe. « Nous ne souffrirons pas qu'on
» vous fasse du mal ; nous vous défendrons,
» s'écrièrent plusieurs voix. »

« Il ne s'agit pas de moi, mais du service
» du Roi, répondit MADAME avec véhémence :
» voulez-vous le servir. »

« Dans tout ce que nos chefs nous comman-
» deront pour la patrie, nous obéirons : mais
» nous ne voulons pas la guerre civile, et
» jamais nous ne combattrons contre nos
» frères ! »

En vain MADAME leur rappela tout ce que
l'honneur et le devoir leur commandaient...
ils furent sourds à sa voix. Avant de les quitter,

Elle leur fit promettre qu'au moins ils contribueraient à maintenir l'ordre dans la ville, si on y entrait, et qu'ils veilleraient à ce qu'on ne fît aucun mal à la Garde nationale, si on avait de mauvaises intentions contre elle. MADAME s'en alla, le cœur navré de ce dont Elle venait d'être témoin ; mais ce n'était rien encore, en comparaison de ce qu'il lui était réservé de souffrir !

La visite de la seconde caserne fut bien plus pénible ; l'esprit de révolte s'y montrait mille fois davantage ; et ce fut bien plus inutilement encore que MADAME essaya de les ramener dans le chemin de l'honneur.

Malgré le peu de succès que S. A. R. pouvait espérer d'une troisième tentative auprès de semblables troupes, Elle ne voulut rien négliger ; et ce fut au Château-Trompette que les efforts de son héroïque courage furent portés au plus haut point. Quelle réception l'on y préparait à l'auguste Fille de tant de Rois ! De la vie je ne l'oublierai : j'en ai tant souffert !

Après avoir passé les sombres voûtes de ce château fort, représentez-vous le coup-d'œil qui nous frappa en entrant dans l'intérieur de cette caserne, transformée en véritable repaire de brigands. L'air farouche, la contenance morne et frémissante de rage, comme au moment de saisir leur proie, telle nous trouvâmes cette soldatesque mutinée rangée sous les armes.

Avec une ame, une énergie sans égale, MADAME leur adressa un discours, fait pour émouvoir les cœurs les plus endurcis. Dans tout autre temps ils en auraient été attendris. Mais à quel excès d'égarement ne les avait-on pas poussés, puisqu'ils semblaient redoubler de rage, en écoutant un langage si noble et si touchant ! Plus l'émotion de MADAME augmentait, et plus Elle redoublait d'éloquence. Des larmes inondaient son visage ! « Eh quoi ! » leur dit-elle enfin, est-ce bien à ce même » régiment d'Angoulême que je parle ? Avez- » vous pu oublier si promptement les grâces » dont vous avez été comblés par le Duc » d'Angoulême ?.... Ne le regardez-vous donc » plus comme votre chef ? ... lui que vous » appeliez votre Prince ! ! ! et moi, dans » les mains de qui vous avez renouvelé votre » serment de fidélité ; moi, que vous nom- » miez *votre Princesse*, ne me reconnaissez- » vous plus ? .... O Dieu ! ajouta-t-elle avec » l'accent de la plus vive douleur : après » vingt ans de malheur, il est bien cruel de » s'expatrier encore ! Je n'ai cessé de faire des » vœux pour le bonheur de la France ; car,

» je suis Française, moi! ..... et vous, vous
» n'êtes plus Français! Allez, retirez-vous! »

Pourra-t-on jamais croire que, dans cet
instant, il se soit trouvé un être assez vil pour
oser répondre avec ironie : *je ne réponds rien,
parce que je sais respecter le malheur.* Au
seul souvenir de tant d'insolence, tout mon
sang bouillonne encore ; jamais je n'éprouvai
un tel mouvement d'indignation (1).

MADAME donna le signal du départ ; un

---

(1) La mémoire de l'auteur ne lui a pas retracé
un trait qu'elle auraient peint avec son style plein
de charmes. MADAME adressa successivement trois
discours à des troupes différentes dans l'intérieur
du Château-Trompette. A la dernière, qui était
rangée en bataille dans la demi-lune du Château,
le capitaine Corseron de Villenoisy, officier du 66e.
de ligne, sortit seul des rangs quand MADAME eut
cessé de parler; il se jeta aux pieds de S. A. R.,
et lui dit : « *J'abandonne pour jamais une bande des*
» *traîtres ; je supplie V. A. R. de permettre que je la sui-*
» *ve partout.* » MADAME répondit : « *Non, bon jeune*
» *homme, vous allez vous perdre ; retournez à votre*
» *poste.* » Mais il persistait, malgré les instances de
MADAME ; lorsqu'un chef de bataillon, à la demi-
solde, M. Landais, qui avait suivi le cortége, fit
cesser cette scène touchante, en disant au jeune
homme : « *Viens avec moi, brave camarade, nous la*
» *suivrons ensemble.* »

roulement de tambour se fit entendre ; et nous repassâmes sous les batteries de ce triste fort , le cœur encore plus déchiré que lorsque nous y étions entrées.

Pour adoucir l'amertume de ce pénible calice , il semblait que MADAME eût réservé pour la fin de sa course la revue qu'elle se proposait de faire de cette fidèle Garde nationale , qui s'était mise en bataille sur le superbe quai qui s'étend le long des bords de la Garonne. Une scène bien différente de celle dont Elle venait d'être témoin l'attendait-là. Lorsqu'Elle parut , un cri général de *vive le Roi ! vive Madame !* se fit entendre. A la vue de la profonde douleur répandue sur son visage , on semblait redoubler encore d'attachement pour Elle ; et c'est avec transport qu'on le lui exprimait. Elle eut beaucoup de peine à se faire entendre de la troupe nombreuse qui l'entourait. Elle adressa à cette Garde fidèle tout ce que son cœur lui inspira de plus noble , de plus sensible , pour lui exprimer combien Elle était touchée de tant de zèle et de dévouement pour le Roi. « Je viens, » ajouta-t-elle , vous demander un dernier » sacrifice.... Promettez-moi de m'obéir dans » tout ce que je vous demanderai ». Nous le jurons ! — « Hé bien ! continua MADAME ,

» d'après ce que je viens de voir , on ne peut
» compter sur le secours de la garnison ; il
» il est donc inutile de chercher à se défendre.
» Vous avez assez fait pour l'honneur ; je
» prends tout sur moi : conservez au Roi
» des sujets fidèles pour un temps plus heu-
» reux. Je vous ordonne *de ne plus combat-*
» *tre* ». Non , non , relevez-nous de notre
serment !... nous voulons mourir pour vous !
On se presse autour de la voiture , on saisit
la main de MADAME , on la baise , on l'inonde
de larmes , on demande pour toute grâce ,
qu'il soit permis aux braves Bordelais de ré-
pandre leur sang : l'enthousiasme est porté
jusqu'au délire ; toute la ville le partage , et
mêle ses cris de *vive le Roi !* à ceux de la
Garde nationale.

En cet instant , Bordeaux offrait un coup-
d'œil unique dans son genre. Jamais on ne
vit un spectacle plus étonnant , et jamais position ne fut plus intéressante que celle où se
trouvait MADAME ; car , au moment où elle se
voyait environnée de tant d'hommages et
recevait le tribut d'attachement de tous les
cœurs , Elle était placée exactement en face
de ce général Clausel , qui , de l'autre côté
de la rivière , se trouvait témoin des touchans
hommages qui étaient offerts à S. A. R. Il

ne pouvait perdre un seul des témoignages d'amour qu'on lui prodiguait, dont le son parvenait distinctement jusqu'à lui ; il en fut très-alarmé, et fit braquer ses canons de ce côté. Les drapeaux blancs qui flottaient à toutes les fenêtres, et qui ornaient si bien le quai, étaient aussi une perspective fort désagréable pour lui. Jamais, en effet, la ville n'avait été plus belle. Pour le plus beau jour d'entrée, il aurait été impossible qu'elle fut plus brillante en signes de royalisme de tout genre. La population paraissait doublée ; et lorsque MADAME retourna au Palais, Elle fut accompagnée par tout ce peuple fidèle, qui la bénissait les larmes aux yeux, et s'unissait du fond du cœur à ses regrets et à sa douleur.

Enfin, sur les vives instances de tous les fidèles Bordelais, et pour le salut de la France entière, MADAME s'éloigne, entourée de braves qui ne quittent S. A. R. que lorsque qu'elle est embarquée sur le *Wanderer*, *sloop of war*, destiné à porter MADAME en Espagne (1).

Voici les adieux qu'elle fit imprimer et distribuer avant son départ : c'est un monument digne de sa grande ame et de ses nobles sentimens ; nous les rapportons ici.

---

(1) Extrait de la brochure écrite par madame la comtesse de Damas.

« Braves Bordelais ! nous dit-elle, votre fi-
» délité m'est connue, votre dévouement sans
» bornes ne vous laissé entrevoir aucun dan-
» ger ; mais mon attachement pour vous,
» pour tous les Français, m'ordonne de le
» prévoir ; mon séjour plus long-temps pro-
» longé dans votre ville pourrait aggraver vo-
» tre position, et faire peser sur vous le poids
» de la vengeance ! Je n'ai pas le courage de
» voir les Français malheureux, et d'être la
» cause de leur malheur.

» Je vous quitte, braves Bordelais, péné-
» trée des sentimens que vous m'avez expri-
» més, et vous donne l'assurance qu'ils se-
« ront fidèlement transmis au Roi.

» Bientôt, avec l'aide de Dieu, dans des
» circonstances plus heureuses, je vous té-
» moignerai ma reconnaissance et celle du
» Prince que vous chérissez.

» Bordeaux, 1er. Avril 1815.

» MARIE-THÉRÈSE ».

*Lettre d'une Dame Bordelaise, royaliste,
écrite sous la date du 14 Avril 1815, sur
les événemens qui se sont passés à Bordeaux, et en réponse à une lettre écrite
par un général, partisan de Bonaparte,
connu sous le nom de la lettre M......*

Bordeaux, 14 Avril 1815.

J'ai reçu, il y a trois jours, Général, vo-

tre lettre sans date, adressée à mon mari et
à moi ; en vertu du saint nœud qui nous lie,
lui et moi ne faisant qu'un, je répondrai,
si vous voulez-bien, pour l'autre moitié de
moi-même, comme la moitié la plus calme
et la plus patiente : depuis plusieurs jours mon
intention était de vous remercier du service
que vous avez rendu à la personne que je vous
avais recommandée ; les malheureux événemens qui se succédaient me faisaient retarder de jour en jour ; on ne pouvait guère
écrire sans en parler, et sans se faire part des
craintes qu'ils faisaient naître. Sachant fort
bien que notre façon de penser était totale-
ment opposée, je ne voulais pas blesser votre
opinion ; faire de la peine à un ami par une discussion inutile, ce qui ne changerait en rien
le cours des événemens, voilà ce qui m'arrê-
tait, et m'arrêterait peut-être encore, si votre lettre n'était venue me décider : vous n'a-
vez pas eu cette générosité, Général ; vous
avez voulu accabler ceux que vous avez crû
vaincus, mais qui sont loin de l'être. Vous
m'attaquez nominativement pour me défier ;
vous me jetez le gant ; je le ramasse : et si
ma franchise vous déplaît, si mes expressions
vous choquent, ne vous en prenez qu'à vous ;
vous m'y avez forcé,

Je suis royaliste, Général, et j'en fait gloire;
mon opinion fut , est , et sera toujours la
même, indépendamment du temps et des circonstances : telle est ma profession de foi.
Jugez d'après cela du sentiment que ma fait
éprouver votre lettre et la proclamation qui y
était jointe ; jugez de ce que j'ai ressenti en
voyant le brave et loyal M....... entraîné par
un enthousiasme peu réfléchi , se faire l'écho
de quelques folliculaires obscurs, et se rendre l'apôtre de la calomnie ; oui , Général ,
de la calomnie. Vous calomniez les Bourbons,
que vous deviez respecter ; vous les accusez
de nous avoir trompés, d'avoir manqué à leurs
promesses. Et sur quelles preuves appuyez-
vous cette étrange assertion ? Je croyais que
vous alliez nous apporter en preuve quelque
acte émané du trône en contradiction de ce
qu'ils avaient promis ; je m'y attendais même,
car lorsqu'un homme tel que vous, à la face
des nations , hasarde un pareil reproche, il
faut le soutenir par des faits certains , authentiques , irrécusables , et qui les démontrent
vrais jusqu'à l'évidence. C'est ce que vous
n'avez pas fait, Général; c'est ce qu'il vous
était impossible de faire. En effet , qu'avaient-
ils promis ? la paix et le bonheur , de faire
refleurir le commerce , de protéger l'agricul-

ture, de maintenir les militaires dans leurs
rangs, les titres et les honneurs qu'ils avaient
si glorieusement acquis, la faculté de parler
et d'écrire librement. Depuis un an, n'étions-
nous pas en paix avec tout l'univers? Le commerce commençait à se relever des pertes énormes que lui avait fait essuyer une guerre aussi
longue que désastreuse ; nos vaisseaux, en
couvrant les mers, exportaient le produit de
notre sol et de notre industrie, et nous rappor-
taient, en échange, les richesses des deux
mondes. L'agriculture, qu'une loi de sang
avait depuis long-temps anéantie, renais-
sait au bonheur, et ne se serait bien-tôt
plus ressouvenu du passé. Les militaires jouissaient de leurs titres, de leurs décorations,
et de la considération due à leurs services ;
plusieurs, il est vrai, avaient perdu une partie de leur fortune, par la suppression des
dotations ; mais étoit-ce à Louis XVIII
qu'ils devaient imputer cette perte, et les
auraient-ils conservées, si Bonaparte eût conti-
nué de régner ? j'en appelle à vous-même.
Les Maréchaux avaient auprès du Roi
les prérogatives et les honneurs dont ils
jouissaient jadis, et avec une distinction
plus flateuse encore. Ils étaient en possession
de tous les Gouvernemens, et remplissaient
auprès

auprès de Sa Majesté des places de confiance qui avaient toujours été l'apanage des Maisons les plus illustres. Si une économie devenue nécessaire , pour ne pas grever le peuple déjà trop malheureux , avait forcé de *licencier* une partie des officiers de qui la paix rendait d'ailleurs les services inutiles , n'avaient-ils pas obtenu des retraites ?.....

Quant à la liberté de la presse , la circulation du *Nain Jaune* , des *Femmes* et du *Mémoire de Farnez* , répondent pour moi beaucoup plus victorieusement que je ne le pourrais faire.... Voilà ce qu'ils avaient promis , voilà ce qu'ils ont tenu. Ajoutez à ces nombreux bienfaits près de trois cent mille Français , condamnés à périr de froid et de misère dans les déserts de la Sibérie et dans les prisons d'angleterre , rendus à leur patrie et à leurs familles ; à cette patrie qu'ils n'auraient jamais revu , si Louis XVIII ne fût remonté sur le trône de ses ancêtres ! La France , sous son gouvernement paternel , oubliait déjà vingt-cinq ans de malheurs , en se livrant à l'espoir le plus doux ; le plus certain et le plus riant avenir embellissaient encore le présent : voilà ce qui était réel , incontestable.

Que nous apporte maintenant Bonaparte ? La guerre !.... une guerre d'extermination, et

C

tous les fléaux qui l'accompagnent. On ne pouvait attendre rien autre chose de lui; la dévastation, la mort, voilà son escorte ordinaire. Cependant ces proclamations mensongères vous promettaient la paix. Et vous, qui accusez les Bourbons de crimes imaginaires, vous vous taisez devant cette imposture? Que dis-je, vous y applaudissez, et le répétez complaisamment! Au lieu de cette paix que nous possédions, il attire sur notre malheureux pays l'Europe entière. Voilà ses bienfaits; ils sont dignes de lui! Et de quel droit vient-il nous replonger, malgré nous, dans un abîme plus profond que celui dont à peine nous sortions? De quel droit prétend-il encore nous gouverner? Je vous interpelle à votre tour, vous, qu'il y a douze ans, après ses campagnes d'Italie, et sa fuite honteuse d'Egypte, ne le jugeâtes pas digne d'être le premier magistrat d'un fantôme de république, et qui vous y opposâtes de tous vos moyens : quels faits si glorieux ont pu depuis changer ainsi votre opinion sur son compte, à vous le faire regarder comme l'homme appelé, par le destin, a régir l'Univers? est-ce l'assassinat de Pichegru ; le meurtre du duc d'Enghien, pris en pays étranger; l'exil de Moreau, qu'il n'a pu faire condamner? est

ce pour avoir , par une insigne perfidie, pro-
fité de la division qui existait entre le Roi
d'Espagne et son fils , division qu'il avait
peut-être fomentée , envahi l'Espagne , au
mépris du droit des gens , et même de la politi-
que ; est-ce pour l'avoir dépeuplée , rava-
gée , et y avoir sacrifié plus de trois cent
mille Français , honteux de périr pour une
cause aussi inique ? est-ce pour avoir anéanti ,
par une coupable et gigantesque ambition, une
armée formidable sous les glaces de la Russie ?
est-ce pour avoir sacrifié à Léipsick les res-
tes de cette brave armée, pour se sauver une
seconde fois, en faisant couper ce pont qui leur
ôtait toute espèce de retraite ? est-ce pour
avoir accablé d'humiliations et d'opprobres le
chef auguste de la religion, et pour s'être
porté jusqu'à frapper ce vieillard vénérable
dont il aurait dû respecter l'âge et le saint
ministère ? est-ce pour avoir attiré dans la
France toutes les nations indignées contre
nous, et ne respirant que la vengeance ? est-
ce pour avoir exposé Paris à toutes les horreurs qu'on exerce dans une ville prise d'as-
saut , pour avoir exposé ses superbes monu-
mens , l'admiration de l'univers , au même
sort qu'il fit subir au Kremlin et au reste de
Moscow ? est-ce , enfin , pour avoir plongé

la France dans un abîme de maux dont rien
ce semble ne pouvait nous retirer, si la magnanimité des vainqueurs n'eût été encore plus
grande que nos malheurs?..... voilà ses nouveaux droits à l'amour des peuples ! voilà ce
qui le rend digne, selon vous, de nous donner des lois ! je ne lui en connais point d'autres : le reste a été dû à la valeur et au
nombre de ses troupes, et à l'espèce de magie
qu'il exerçait sur leur esprit par des victoires
si chèrement achetées. Ce ne serait pas, sans
doute, les derniers momens de son règne qui
commandent l'admiration ? Cet homme im-
pitoyable, qui ne connut jamais un tendre
sentiment, dont aucune émotion douce ne
vint mouiller la paupière, fut ému pour la
première fois ; il pleura, non sur les maux
de notre malheureuse patrie, mais sur son
sort. Le lâche ! il pleura ; on le vit, tremblant
pour sa vie, supplier son escorte de le pré-
server de la fureur du peuple ! on le vit, à
Orgon, arborer la cocarde blanche, et crier
vive le Roi !.... voilà votre idole ! Eh ! c'est
à cet homme, qui ne sut être grand ni dans la
prospérité, ni dans le revers !.... c'est à cet
homme que l'armée française a confié son
honneur !.... Oui, quoique vous en ayez dit,
l'armée ne l'a perdu, que du moment qu'elle

a trahi en abandonnant les sermens qui la
liaient au Roi , le déshonneur francais ne date
que du premier Mars..... Mais non ; ce n'est
pas la France , ce ne sont pas des Français qui
se sont rendus coupables ; ce n'est qu'une
petite partie que la France ne reconnaît plus
pour ses enfans ; grâces au ciel , le plus grand
nombre est pur ! O France , ô ma patrie , on
peut encore être fier de t'appartenir.

Vous parlez , Général , de l'unanimité des
suffrages qui l'ont rappelé ; vous cherchez à
vous tromper vous-même , et il est impossible que vous pensiez ce que vous dites. In-
terrogez les militaires eux-mêmes ; quelque
intérêt qu'ils aient à cacher la vérité , ils
vous diront que la consternation a remplacé
partout l'allégresse ; que le silence le plus
profond a régné sur son passage , et qu'à
l'exception d'eux et de quelques gens de la
lie du peuple (payés à trois francs par
jour) , il ne s'est pas élevé une voix en sa
faveur ; ils vous diront que , renfermé dans le
fond des Tuilleries , cet homme , rappelé par
l'amour de *son peuple* , n'ose en sortir, de peur
de rencontrer un poignard vengeur ; ils vous
diront que les grilles des Tuilleries restaient
quelquefois plusieurs jours sans s'ouvrir ; que
les gardes sont doublées partout , et que la

défiance et la crainte l'environnait.....

Ah ! ce n'est pas ainsi qu'en agissent les bons
Rois qui comptent sur l'affection de leurs
peubles ; ce n'est pas ainsi qu'en agissait Louis
XVIII, qu'il faut toujours citer quand on
veut peindre la bonté et la loyauté. Interro-
gez les militaires de Bordeaux qui se sont avilis
par la plus basse trahison ; qui, après avoir
renouvelé le 27 Mars entre les mains de l'auguste fille de Louis XVI, et à la face du ciel
et de la terre, le serment sacré de mourir
pour son Roi, ont refusé de le défendre ; qui,
après avoir fraternisé avec la Garde nationale,
dans un dîné donné par cette dernière, n'attendaient que son passage à la Bastide pour
tomber sur elle et l'égorger ; demandez - leur
la joie qu'à inspiré l'arrivée du général
Clausel, et les *acclamations unanimes* qu'ex-
cita la vue du drapeau révolutionnaire , ils
vous diront qu'une trentaine d'hommes sans
souliers, et déguenillés, stipendiés par la
police (militaire), faisaient seuls entendre le
le cri de *vive l'empereur*, que les échos mêmes
ne voulurent pas répéter ; ils vous diront que
les sifflets et les cris de *vive le Roi!* couvri-
rent leurs voix, sous les fenêtres mêmes du
général Clausel , étonné de la solitude qui
régnait dans cette immense ville, converti par

son arrivée en un vaste désert..... ils vous
diront que leur indigne conduite les a bannis
de toutes les maisons honnêtes ; qu'ils ont
sentis qu'on rougissait de les aborder, et
que leurs anciens amis ne les regardaient plus ;
ils vous diront que le premier Avril aucune,
mais pas *une seule femme* ne s'est montrée
au spectacle ; que les abonnés ont juré de n'y
pas mettre les pieds, tant que le drapeau ja-
cobin flotterait sur cet édifice ; il vous diront
qu'il n'y a pas une femme qui , en passant
à leur côté , ne les fixe avec l'expression du
mépris, et ne fasse raisonner à leurs oreilles,
l'infâme nom de traître... ils vous diront que
la fermentation la plus grande règne parmi
toutes les classes ; qu'il leur a été défendu, par
leur général de crier *vive l'empereur* , à
des rixes que cela occasionnait , et dont ils ne
sortait pas toujours victorieux ; ils vous diront que la moitié de la troupe veille toutes
les nuits , et que des canons sont toujours
pointés dans les casernes ; ils ajouteront que
la désertion est grande , et qu'ils sont sur un
volcan ; ils vous diront que personne jusqu'à
ce jour n'a voulu accepter la place de
Maire , et qu'elle est encore vacante ; que
les démissions sont nombreuses dans les ad-
ministrations civiles et militaires ; que le cours

de la justice est interrompu, et qu'enfin tout est bouleversé ; ils vous diront encore qu'on n'ose les faire partir dans la crainte d'un soulèvement, et que le Préfet a déclaré qu'il partait avec eux, si on s'obstinait à les éloigner.

Voilà, Général, des faits dont il vous sera facile d'avoir la preuve et qui vous convaincront de *la joie excessive* qu'ont manifesté les Bordelais lors du changement survenu dans leur sort.

Ne croyez pas que ce soit seulement à Bordeaux et à Paris qu'on pense ainsi ; des lettres de presque toutes les parties de la France, des lettres plus véridiques que les journaux, qui, dans ce temps de liberté, ne peuvent imprimer une ligne qui ne soit soumise à la censure la plus sévère ; des lettres authentiques assurent que l'indignation est la même partout ; le soldat lui-même commence à murmurer et à l'accuser de l'avoir trompé en lui promettant la paix, et l'entraînant dans les horreurs de la guerre la plus terrible, et dont le résultat, j'espère peu éloigné, nous délivrera de celui qu'on a nommé à juste titre *le fléau des Nations*. Son triomphe ne peut être long : des armées formidables le menacent sur tous les points ; déjà même, s'il faut en croire des bruits qui paraissent certains,

Lille serait au pouvoir des Alliés, et leurs avant-postes seraient à Arras. Comment Bonaparte pourrait-il s'opposer au torrent qui fondra sur lui, du nord, de l'est et du midi, surtout étant obligé de laisser garnison dans toutes les villes de France, comme dans un pays conquis, sans argent, sans matériel d'armée et ne trouvant aucune ressource dans un peuple qui l'a en exécration.

Vous accusez *quelques* Bordelais d'avoir *avili* la France, en reconnaissant les premiers les Bourbons! Général, vous êtes dans l'erreur; permettez que je la relève. Ce ne sont point *quelques* Bordelais, c'est au nom de *tous*, sûre de n'être désavouée par aucun, que je réclame *l'honneur* de les avoir proclamés les premiers. Oui, *tous*, par un mouvement unanime, nous les accueillîmes, les reconnûmes, leur jurâmes amour, fidélité..... sermens que nous tiendrons mieux que l'armée n'a tenu les siens; et, malgré votre ironie, nous aurions prouvé que nous savions défendre ceux que nous chérissons, si la plus insigne perfidie n'eût enchaîné la valeur de nos braves, brisant leurs armes d'être retenus par des ordres supérieurs; ils auraient peut-être succombé : mais du moins ils auraient péri pour la plus belle des causes. Eh! quel Français

pourrait regretter la vie en la perdant pour
son Roi! Oui, Général, sans la basse trahison
du général Decaen, sans la magnanimité de
l'auguste Princesse que nous étions fiers de posséder, Bordeaux eût ajouté à sa gloire en défendant son Roi et sa liberté. Mais cet Ange
descendu du ciel a remercié la Garde nationale
de l'intérêt qu'elle lui témoignait les larmes
aux yeux, et lui défendit de tenter une résistance inutile, puisque les canons étaient déjà
montés de l'autre coté de la rivière, ajoutant
qu'elle ne voudrait pas qu'une goutte de sang
coulât pour elle. Eh! voilà cette vertueuse
Princesse digne des respects de l'univers, que
de vils journalistes, dans des articles qui ont
soulevé d'indignation, ont osé représenter
comme une femme furieuse, ne respirant que
le meurtre et le carnage : l'horreur dont on
est pénétré en lisant ces horribles blasphé-
mes est trop forte pour être exprimée!

Heureusement pour votre gloire, Général,
heureusement, j'ose le dire, pour moi même,
voulant encore pouvoir estimer mon ami, on
ne peut vous reprocher une trahison semblable à celles de Bordeaux, de Toulouse, etc.
Vous n'avez fait que suivre les ordres envoyés
de Toulouse, et auxquel vous ne pouviez
vous opposer ; vous n'avez pas, comme le gé-

néral Decaen protesté soir et matin d'un dévouement sans borne , quand une correspondance active avec les ennemis les assurait du contraire ; vous n'auriez pas donnez l'ordre d'assassiner des Français fidèles à leur Roi et à leur serment ; vous en auriez été incapable , j'en suis convaincue ; votre ame franche et noble n'eût pu soutenir une, dissimulation aussi odieuse ; elle en aurait eu horreur. On ne peut que blâmer en vous votre feu de joie et votre proclamation, dont vous pouviez, dont vous deviez même vous dispenser. Comment se peut-il faire que celui qui, l'an passé, se crut à peine délié par l'abdication de Bonaparte , du serment qu'il lui avait prêté , ait pu, cette année, faisant taire le cri impérieux de sa conscience, se croire affranchi de tous devoirs envers Louis XVIII, dont il accepta les bienfaits, et à qui il jura fidélité librement et sans y être contraint ; dites, Général , comment concilier de telles idées, et par quel raisonnement pourrez-vous vous justifier ?

Vous trouverez , sans doute , ma lettre un peu forte ; je suis sûr qu'elle a excité plus d'une fois votre colère , et que vous avez eu de la peine à la contenir jusqu'à la fin. Général, imitez-moi ; j'ai pu contenir la mienne en vous lisant, ne croyez pas qu'elle soit le fruit d'une imagination exaltée, vous seriez dans l'erreur. L'effervescence que m'avait occasioné ces événemens malheureux et humilians est calmée; je les envisage actuellement avec tout le sang froid de la raison : elle ne vous étonnera pas cependant, si vous voulez réfléchir que la joie vous a fait oublier les convenances et même l'amitié qui nous lie, en nous envoyant, pour les distribuer, des écrits qui ne pouvaient que nous faire de la peine, vu notre opinion bien connue de vous, et que je vous aurais renvoyés, si je n'eus préféré les anéantir, n'y en ayant que trop de répandus. Si vous vous rappelez avec quelle joie, quel orgueil vous triomphez, sans qu'aucune ligne de nous vous eût provoqué, vous verrez que je n'use que d'une représaille bien légitime, et que ce n'est qu'à corps défendant que je me suis ainsi prononcé, non par crainte, mais par amitié.

Je vous assure, Général, que j'aurais désiré ne pas entrer dans cette discussion, et qu'il m'eût été bien doux de vous trouver de mon avis; pourquoi faut-il que nos opinions soient si divisées, quand nos cœurs sont si unis ! C'est la dernière fois que je traite un sujet aussi pénible, à moins cependant, que

vous

vous ne m'y forciez, en m'attaquant de nouveau, car je suis française, et je ne sais pas
refuser le combat. Adieu, Général, quand
vous aurez assez pesté, juré, jeté tout
ce qui se trouvera sous votre main, j'en ap-
pellerai à M...... de sang-froid, comme jadis
on en appela à *Philippe à jeun* ; et il sera
forcé de convenir que je n'ai pas tout-à-fait
tort. En attendant, Général, recevez mes
remercîmens et les vœux que je ne cesserai
de faire pour votre bonheur. Dans quelque
circonstance que vous vous trouviez, sou-
venez-vous que vous avez, à Bordeaux, deux
vrais amis, qui, malgré la différence d'opinion,
vous sont toujours tendrement attachés, et
seront toujours prêts à vous en donner la
preuve.   D.....

---

*Lettre à un officier de la ligne, pour le dé-
tourner de prendre du service pour Bonaparte : lors de sa seconde usurpation.*

Bordeaux, le 25 Juin 1815.

Mon ami,

J'ai dû plus d'une fois à tes conseils le
bonheur d'avoir évité de grandes fautes ; et
celles que j'ai commises sont, je l'avoue, le
résultat de mon indocilité à tes leçons, et

d'un attachement déraisonnable à mes idées.
Ce sont de ces fautes qui partent de l'inex-
périence et d'un enthousiasme déréglé ; mais
toi, mon ami ; toi, que j'ai toujours connu
calme et modéré, renonceras-tu à ces qualités précieuses , pour n'écouter qu'un sentiment d'une aveugle confiance , ou plutôt
qu'un attachement condamnable pour un ordre de chose qui ne peut durer? J'abjure toute
partialité , tout fanatisme ; je veux te tenir
le langage de la véritable amitié : tu ne re-
marqueras dans mes discours ni aigreur, ni
désir de te faire gratuitement de la peine. Je
me flatte que tu me pardonneras l'innocente
liberté que je prends de te faire des observations : tu, le dois d'ailleurs; car j'ai toujours
bien reçu tes conseils, et si je ne m'y suis pas
conformé dans toutes les circonstances , la
fatalité qui me poursuit en est la seule cause.
Lis donc , et réfléchis.

Tu vas rejoindre ton régiment : ce dessein
était grand il y quinze jours, vingt-quatre
heures même ; il n'était pas selon la justice,
car tu n'étais pas relevé de ton serment au
Roi : mais je consens à mettre cette considération à part. Dans la lutte qui se préparait,
tu voulais partager les dangers de tes com-
pagnons d'arme : si cette résolution n'était pas

juste, elle était noble au moins, et méritait
des éloges (1).

Mais que les choses sont changées ! aujour-
d'hui que le ciel s'est déclaré contre Bonaparte,
que les désastres de Moscow viennent de se
renouveler dans les plaines de Fleurus ; aujourd'hui que Bonaparte a perdu le matériel de son armée, l'élite de ses troupes, et ses
meilleurs généraux ; aujourd'hui qu'une plus
longue résistance de sa part ne serait qu'une
témérité condamnable, puisqu'il ne peut opposer à un ennemi aguerri et nombreux qu'une
masse d'hommes inexpérimentés et sans dis-
cipline, dont le résultat ne peut être au plus
que de retarder sa chute de quelques jours,
augmenter le carnage, et attirer sur la capitale une guerre désastreuse et terrible ; aujourd'hui que l'intention de l'Europe est généralement connue pour ne vouloir point traiter
avec Bonaparte ; aujourd'hui que la majeure
partie des Français proclament les Bourbons
par leurs vœux secrets, et répudient l'homme
de l'île d'Elbe ; aujourd'hui, dis-je, prétendre
soutenir ce même homme est un crime de lèze-
nation, fût-il même le légitime souverain.

(1). L'auteur désavoue cette maxime: il sait trop
bien que ce qui est injuste ne saurait être *noble*;
mais il écrivait à un ami extrêmement prévenu,
il fallait lui faire bien des concessions, pour s'en
faire écouter favorablement.

Je ne fais , mon cher ami , que te rendre tes propres expressions. Combien de fois as-tu blâmé la Princesse d'avoir excité à la résistance, lorsqu'il y avait , disais-tu , impossibilité physique ? Je veux éviter toute discussion sur la véracité de cette prétendue impossibilité ; mais , mon ami , le torrent qui entraîne les événemens, dans le courant de Juin, est - il moins violent que celui du premier Avril. Le séjour de la Princesse à Bordeaux attira sur nos rives le général Clausel et quarante hommes ; la déroute complette que Bonaparte vient d'éprouver , ouvre un chemin jusques à la capitale aux nombreux et formidables alliés : de quel côté est l'*impossibilité physique ?*

Tu es essentiellement honnête homme , mon cher ami ; l'idée d'un crime te révolte.

Pourquoi donc veux-tu devenir criminel en te lançant dans une entreprise criminelle ? Tu ne peux alléguer, pour ta justification , ni le point d'honneur, ni l'amour-propre, ni l'amour de la patrie. Le point d'honneur te fait une loi d'être fidelle à tes premiers sermens , qui devraient être d'autant plus inviolables qu'ils ont ont été prêtés volontairement , et entre les mains d'une femme. Sais-tu bien que, dans le temps heureux de la chevalerie , tout chevalier qui aurait manqué à de pareils sermens aurait été déclaré infame pour cause de félonie ? D'un autre côté , l'amour-propre ne commande pas de persister dans une cause où l'on reconnaît avoir été trompé ; et c'est précisément le cas où tu te trouve , car on t'a dit, tu me l'as toi-même révélé en confidence, que Bonaparte nous apportait la paix signée avec toutes les puissances ; qu'instruit par le malheur , il venait pour nous rendre heureux; que Marie-Louise et son fils allait incessamment arriver à Paris , et mille autres absurdités de cette nature , au moyen desquelles Bonaparte a grossi son parti et s'est rouvert le chemin du trône. Enfin, l'amour de la patrie exige impérieusement que tu fasses le sacrifice de ton opinion comme le plus grand obstacle à son indépendance , à son bonheur, la patrie : d'ailleurs, n'a point rappelé Bonaparte ; l'armée seule, excitée par des intrigants, l'a désiré, pour voler à de nouvelles conquêtes , pour cueillir de nouveaux lauriers. Les soldats, accoutumés depuis vingt ans à tenir le premier rang en France , n'ont pu souffrir d'être placés au second ; et l'abolition du gouvernement militaire leur a paru un outrage qu'ils ont voulu venger.

Partagerais-tu ses sentimens, mon cher ami?

songe que tu n'es pas fait pour être toujours soldat; ta santé altérée par sept années de guerre, la douceur de tes mœurs, le désir de tes parens, tout semble te porter au mariage; époux et père, tributaire de l'état, tu sentiras bientôt que l'état de citoyen se trouve placé par la nature, au-dessus de celui de soldat et qu'il n'a pu entrer que dans l'esprit d'un soldat parvenu de donner la priorité à l'armée, en substituant le gouvernement militaire au gouvernement civil.

D'un autre côté, ce n'est pas sans raison que les peuples ont consacré le droit de légitimité; car tu conviendras que si de beaux faits d'arme suffisaient pour mériter un trône, Turenne, Condé, Maurice, Lannes, Moreau, auraient dû en avoir; et que, de nos jours, il faudrait en ériger en faveur de Soult, Wellington, Blücher, Masséna, etc., etc. Et où prendre tant de trônes si ce n'est sur les ruines de ceux qui sont déjà formés? quelle anarchie dès-lors! quel état continuel de guerres et de divisions? Chaque état ayant le plus grand intérêt à porter sa puissance militaire au plus haut degré; négligerait tout le reste, que deviendrait le commerce, l'agriculture, les arts? Les citoyens opprimés, appauvris et entièrement découragés pourraient-ils supporter les charges de

l'état? pourraient ils s'acquitter envers leurs
gouvernement? Il faudrait les y contraindre
par la violence, de là les poursuites, les sai-
sies, les ventes forcées, et mille autres injus-
tices aussi révoltantes. Que résulte-t-il donc
d'un gouvernement purement militaire? que
lorsqu'il s'aggrandit au-dehors par l'effort de
ses armes, il n'offre dans l'intérieur que l'i-
mage de la désolation et de la misère. Tel a
toujours été le gouvernement de Bonaparte.
Si tu en doutais, je te citerais ton père obligé
de quitter son commerce pour n'avoir pu
supporter les énormes impositions qu'il lui
fallait payer; et tout récemment obligé de se-
mer, dans son bien, des bette-raves dont il était
bien sûr de ne retirer, au lieu de sucre, que
perte de temps et de terrain.

Ne penses pas, mon bon ami, que je m'écarte
de mon sujet. Comme ton attachement pour
le gouvernement actuel ne provient point
d'aucune cause infamante, mais uniquement de
la persuasion où tu es qu'il peut seul faire le
bonheur de ta patrie, je devais tâcher de détruire cette opinion; car je suis certain que si
mes réflexions, et celles qu'elles pourront te
suggérer, te persuadent, tu changeras tes projets, parce que tu est trop homme de bien
pour persister dans une cause que tu saurais
être contraire à l'intérêt de ta patrie.

Je me suis abstenu dans ces réflexions, de te mettre sous les yeux la douleur de tes parens, en te voyant s'éloigner d'eux, surtout de ta pauvre mère, que tu prives, par ton absence, de l'appui que Dieu semblait lui avoir conservé miraculeusement.

Je ne te parle pas non plus de moi, de ma sincère amitié ; outre que tu ne serais peut-être pas disposé à croire à mes vives alarmes sur ton compte, je craindrais qu'au défaut de raisons valables et légitimes tu m'accusasses de vouloir employer la séduction.

Adieu donc cruel, ami ; si je n'ai pu te convaincre, si tu as le funeste talent de réfuter les solides raisons par lesquelles je combats ton départ, adieu ; suis le torrent qui t'entraîne ; sacrifie à une vaine fumée de gloire, à un enthousiasme déplacé, et tes parens, et ton ami, et ton repos. Haïs-moi, si tu le peux, pour me punir d'avoir élevé le trouble dans ton cœur ; je n'en ferai pas moins des vœux pour toi, et ma plus cruelle peine sera de n'avoir pas pu te conserver à ma tendresse.

CHABAUD, fils.

✤ ✤ ✤

LETTRE

D'UN MARCHAND DE VIN DE PARIS,

A SON COUSIN,

Propriétaire dans le Département de la Gironde.

Je vous écris, mon cher cousin, à Paris, pour vous donner de mes nouvelles, et pour vous demander ce qui se passe dans notre chère ville de Bordeaux et dans le département. Quant à moi, je vous dirai que j'ai fait un heureux voyage, quoique souvent on ait cherché à me faire bien peur. Je vais vous raconter tout ça, et vous pouvez le dire à nos amis.

Dans tout le pays d'Agen, de Montauban, je voyageai aux cris de *vive le Roi !* que les bons habitans faisaient entendre de tous côtés, en bénissant le ciel qui leur avait rendu un gouvernement sous lequel ils vivaient heureux. A Montpellier, où je fis quelques affaires en eaux-de-vie, beaucoup de gens étaient effrayés, parce qu'on répandait

le bruit qu'à Nîmes les protestans étaient
égorgés. On voulait m'empêcher d'y
aller. Que diriez-vous , mon cher cousin ? J'arrive à Nîmes le Dimanche , au
moment où les protestans sortaient tranquillement de leurs temples , en criant.
vive le Roi ! et en bénissant Dieu.

Je me promis bien de ne plus croire
si facilement à ce qu'on me disait. Cependant, lorsque je fus en Dauphiné ,
on me disait : N'allez pas à Lyon ; la ville
est en révolte ; on y a arboré le drapeau
de la sédition. Je continuai ma route
sans en rien croire , et je fis bien , car
je trouvai Lyon dans la plus grande tran-
quillité. Les ouvriers ont plus d'ouvrage qu'ils n'en peuvent faire ; le commerce s'est ranimé ; et , à l'exception
de quelques coquins qui voudraient encore un peu piller , tout le monde crie
vive le Roi !

En Bourgogne , on me faisait de nouveaux contes. Tantôt c'étaient les dîmes
qui venaient d'être rétablies , tantôt cé-
taient les droits féodaux. Une autrefois, on disait que les ventes de biens nationaux étaient annullées. Comme je
m'arrêtais souvent pour faire des achats,
je m'informais de ce qui se passait ; et
partout j'apprenais que ce qu'on m'avait
dit à quelques lieues de là était absolu-

ment faux. Nulle part les paysans ne payent des dîmes ; mais ils donnent volontiers à leur bon curé quelque chose pour l'aider à vivre honorablement, et à faire l'aumône aux pauvres. Nulle part ils n'ont peur qu'on les rétablisse, non plus que les droits féodaux, parce qu'ils savent que le Roi, qui n'a jamais trompé, le leur a promis. J'ai vu mille acquéreurs de biens nationaux ; j'ai acheté leurs vins, et nous avons bu ensemble à la santé du Roi, qui ne voit, dans tous les propriétaires, que des sujets utiles et fidèles.

Quand j'arrivai à Paris, mon cher cousin, je racontai tout ce qui s'était passé pendant mon voyage, et les peurs qu'on avait aussi voulu me faire de l'état de Paris ; qui, disait-on, était sens-dessus-dessous. On rit beaucoup de ce qu'on disait d'une ville qui n'a jamais été plus tranquille ; mais on me parla bientôt après de notre département : les uns veulent me faire croire qu'il y a du train ; les autres disent qu'il est débarqué à la Teste une armée de 300,000 nègres, et que l'on attend bientôt Bonaparte pour la commander : il y en a qui disent que les Turcs arrivent par la route d'Espagne ; enfin, il n'y a sorte choses qu'on ne me dise sur notre pays. Comme heu-

reusement j'ai entendu , dans mon voyage , tant de mensonges dont j'ai reconnu
moi-même l'absurdité , je me moque à
présent de ceux qui me répètent ces
belles nouvelles ; et au lieu de les croire , je fais connaître leur nom à M. le
Maire. Si dans notre pays on vous dit
des choses pareilles , faites comme moi;
menez ces nouvellistes devant M. le
Maire , pour qu'il les envoie à M. le
Préfet, qui en fera bonne justice ; car ce
sont des coquins qui cherchent à vous
ruiner , à inquiéter les braves gens, et
à faire baisser le prix des vins.

Adieu , mon cher cousin , j'attends
avec impatience de vos nouvelles , et je
vous embrasse cordialement.

N......

Nota. -- Cette lettre a été envoyé à Bordeaux,
au commencement de 1816.

LETTRE

D'un Garde Royal du département de la
Gironde , á son Père.

Paris , le 15 Février 1816.

Mon cher Père ,

Me voici arrivé à Paris en bonne santé , et je souhaite que vous en soyez de
même.

Nous

Nous avons fait la route joyeusement
avec tous les jeunes gens du pays qui
se sont enrôlés avec moi dans la garde
royale. Dans chaque ville que nous tra-
versions, on nous recevait aux cris de
vive le Roi! chacun sortait sur sa porte
pour nous voir passer; et à l'étape, nous
n'avions pas besoin de billet de logement, chacun nous recevait comme
des frères; le meilleur vin, le meilleur
lit était pour nous, et le matin nous
buvions la goutte, avant de partir, à la
santé de notre bon Roi; tous ces braves gens disaient : voilà ceux qui vont
garder le Roi : ah ! s'ils ne sont pas
assez, nous irons tous.

A Paris, on nous a logés dans une
belle caserne, où nous sommes très-
bien traités. Deux jours après, Mgr. le
duc d'Angoulême est venu nous voir ;
il a visité toutes les chambres ; il a parlé
à chacun de nous : à moi, il m'a demandé d'où j'étais : de Bordeaux, lui ai-je
vîte répondu. Ce bon Prince ! le croi-
riez-vous, mon cher père ? il a frappé
sur l'épaule de votre fils, en souriant,
et il avait l'air de me dire : *C'est-bien ;
tu es du pays des bons royalistes.* Mes
camarades me regardaient avec envie.

Monseigneur nous a fait donner du
vin, et a bu le premier à notre santé.

E

Oh ! quant à nous, nous avons bien bu
à la sienne, et de bien bon cœur encore.

Il y a huit jours que nous avons eu
une revue : c'était beau à voir. Nous
étions quinze mille hommes, dont je
suis un des plus petits. Si vous aviez vu,
mon cher père, quand le Roi et MA-
DAME ont passé dans nos rangs, dans une
belle calèche toute dorée, quel tapage
chacun a fait, c'était à ne pas s'entendre ; enfin, c'était comme à Bordeaux,
quand MADAME et Monseigneur y sont
venus : tout le monde criait : *vive le
Roi ! vive* MADAME *! vivent les Bourbons!*
J'étais entre deux soldats de la vieille
garde qui pleuraient de joie. Le Roi
nous regardait avec un air si bon, que
l'on ne se sentait pas d'aise de le voir ;
il paraissait nous dire : mes enfans, votre père ne craint rien au milieu de vous.
Quant à MADAME, vous la connaissez ;
je n'ai pas besoin de vous dire l'air qu'elle
avait ; mais, quand elle est passée devant
moi, il semblait qu'elle reconnaissait un
Bordelais, car elle paraissait encore
plus contente.

Nous sommes quinze mille, mon cher
père ; et à la fin du mois, nous serons
vingt-cinq mille hommes, presque tous
vieux soldats, tous prêts à nous faire
tuer cent fois pour défendre notre Roi,

notre Princesse , notre Duc , tous nos Bourbons. S'il y a des coquins qui veuillent nous attaquer , qu'ils viennent ! nous ne sommes pas des conscrits , nous, que l'on a arrachés à leur mère : nous sommes tous volontaires ; tous , nous avons mérité , par notre bonne conduite, l'honneur de garder notre Roi ; et tous , nous nous rendrons dignes de cet honneur.

Eh ! quand nous gardons notre Roi , ne gardons-nous pas notre père , nos enfans, nos propriétés ? comme dit la cantate de Bordeaux : *N'est-ce pas lui qui nous donne la paix ?* et sans la paix, ne seriez-vous pas dans la misère, vous, mon cher père , à qui la conscription a enlevé deux enfans, qui ont été mourir de froid en Russie ; vous, qui ayez vendu la moitié de votre bien pour faire cultiver le reste , parce que vous ne pouviez pas vendre votre vin ?

Ah ! ceux qui n'aiment pas le Roi (s'il y en a , ce n'est pas du moins dans notre pays) n'aiment ni leur père , ni leur mère , ni leurs enfans : ils n'aiment que le pillage ; parce que n'ayant rien à perdre , ils espèrent gagner dans le désordre ; et que n'aimant pas à travailler , ils veulent vivre aux dépens des autres.

Mais nous les forcerons à présent à rester tranquilles, et a devenir honnêtes gens, s'ils le peuvent; autrement la garde royale avec les légions fidèles qui se forment partout, et avec cette belle Garde nationale, si digne de la confiance du Roi, sauront bien leur apprendre que le temps du pillage est passé, et qu'il y a maintenant des grands prévôts qui font justice des coquins qui veulent troubler les propriétaires et inquiéter les familles.

Faites mes complimens à tous nos voisins et voisines; et croyez, mon cher père, au respect de votre fils.

PIERRE.

EXTRAIT D'UNE LETTRE

Écrite de l'île Sainte-Hélène, par M. le marquis de Montchenu, *commissaire de* S. M. T. C.

« .... Vous ne pouvez vous faire une idée de cette île; tout ce que vous en avez lu ou entendu dire en fait un paradis auprès de la réalité............
» L'aspect en est encore plus hideux dans l'intérieur.

» Vous ne voyez que des montagnes pelées , sans végétation , de la hauteur de 5oo à 15oo toises.

» Une seule plaine , qui est celle où habite Bonaparte. On y rencontre à peine çà et là quelques arbres rabougris.
» On ne récolte que des pommes de terre et quelques légumes en petite quantité.

» Une petite ville où il y a une soixantaine de maisons ; pas un seul village ; quelques chaumières éparses, que l'on décore du nom de maisons de campagne, à une dixaine près,sont logeables.

» De très beaux chemins taillés dans le roc et toujour bordés de précipices effrayans. Point de sentier praticable.

» Voilà , mon cher, le séjour de votre ami, qui , de plus , ne sait pas la langue du pays , et qui, la saurait-il , ne pourrait en tirer un grand parti.

» Si vous me plaignez, arrachez-vous les cheveux de ne pas m'avoir accompagné.

» On manque de tout ; tout est d'un prix exorbitant : pour vous en donner une idée , il faut que vous sachiez que tout ce que nous mangeons vient d'Angleterre, ou du Cap de Bonne-Espérance , qui est à 6oo lieues d'ici.

» Le charbon pour la cuisine vient

d'Angleterre , car l'île ne fournit pas de bois à brûler.

» Il nous est arrivé , il y a quelques jours , des bœufs du Cap ; ou en avait embarqué 35 , il en est mort 11 en route.

Un petit mouton coûte 5 louis ; un petit poulet bien sec de 10 à 15^f. , suivant sa grosseur ; etc.

» Le pain , qui est ce qu'il y a de meilleur marché , est à 22 sols la livre ; une paire de souliers coûte de 18 à 20^f.

» Après vous avoir entretenu de mes misère, je vais vous parler de Bonaparte, de sa position et de sa garde.

» La garnison est d'environ 2500 hommes, ayant 500 et quelques pièces d'artillerie et une vingtaine de mortiers.

» Bonaparte occupe la maison de campagne du lieutenant-gouverneur , située dans la seule plaine de l'île appelée *Longwood*. Cette plaine est entourée de tous côtés de précipices horribles , et on n'y arrive que par un seul chemin.

» On a établi sur cette plaine un camp occupé par le 53e. régiment, et un parc d'artillerie ; elle est, de plus, bordée de petites pièces de campagne. Le prisonnier a la liberté, lui et les siens , de se promener dans cette enceinte, à volonté et sans être accompagné : il a 40 domestiques , en tout 54 personnes. S'il veut sortir de cette enceinte, il doit être accompagné par un officier en uniforme, qui ne doit pas le quitter d'un pas; cet officier désigné loge dans sa maison il doit savoir ce que fait le prisonnier a chaque instant de la journée.

» Les autres personnes de la suite sont suivies d'un officier d'ordonnance ; les valets le sont d'un sous-officier.

» Le gouverneur est averti toutes les heures, de ce qui se passe, par le moyen d'un télégraphe établi dans toute l'île ; de sorte qu'en une minute , il sait ce qui se passe ; en deux , quand il est en coarse ; en cas d'événement quelconque, en 3 ou 4 minutes toute l'île serait sous les armes.

» Voilà les précautions du côté de la terre.

» Celles de la mer sont bien autres.

» Il y a au moins deux frégates a l'ancre ; deux bricks tournent jour et nuit autour de l'île ; depuis six heures du soir jusqu'au lendemain à la même heure , des chaloupes armées font une patrouille tout le long des montagnes qui bordent la mer et qui nous entourent de tous côtés ; à la nuit, c'est-à-dire à six heures , tous les bateaux, chaloupes appartenant soit aux particuliers , soit aux vaisseaux , sont obligés d'être rentrés , et l'on tire dessus s'il s'en présente. Après neuf heures , on ne peut passer nulle part sans avoir le mot d'ordre , sous peine d'être tué ou du moins arrêté.

» Aucun vaisseau ne peut aborder ; tous sont signalés aussitôt qu'aperçus , et l'on donne aussitôt une piastre à celui qui les signale le premier : ce que l'on peut faire à peu près à 6o milles en mer.

» Ce trajet ne peut se faire dans une nuit , sur-tout sur une côte si dangereuse. Ajoutez à cela , que les brisans sont si forts , que l'on est souvent plusieurs jours avant de pouvoir aborder en chaloupe sans danger.

» Vous voyez, mon cher ami , que la fuite paraît physiquement impossible ; que, si le gouverneur voulait la favoriser , il faudrait encore que l'amiral fût du complot. Si, au contraire, en trompant toutes les précautions prises, l'amiral laissait dans une nuit favorable , aborder deux ou trois chaloupes, elles auraient à essuyer un feux bien dangereux. Arrivé à terre , que deviendrait-on?.... Tous les chemins sont gardés ; les rochers sont impraticables : il n'y en a pas où dix hommes bien armés, ou seulement armés de pierres , n'en arrêtassent facilement mille.

L'autre jour, en faisant une reconnaissance avec le gouverneur, il me parut qu'un point de débarquement, défendu par trente-six pièces de canon et par un poste très fort, pouvait l'être mieux, parcequ'une des batteries de flanc était un peu trop élevée. Je trouvai un point où le roc plus calciné pouvait permettre un travail assez facile pour y établir une petite batterie de quatre pièces presqu'à fleur d'eau et dont la plus grande portée n'est pas de 300 pas : on y travaille; on ne fait rien dont je ne sois instruit. Ainsi rassurez-vous, bons Angoumoisins ; soyez tranquilles ; vous ne le verrez plus, et je vous en réponds tant que je serai ici.

» A la nuit, tout le monde chez lui doit être rentré pour ne plus sortir..... La maison est entourée de sentinelles avec ordre de tirer de suite ; ils sont sûrs que l'ordre serait exécuté, ce qui a déjà été fait une fois (1). J'espère ce-

(1) Ce passage de la lettre confirme l'article suivant inséré dans le courrier de Londre, du 7 mars 18 6.

« Bonaparte a voulu dépasser, dans une de ses promenades, la ligne de sentinelles qui l'entourent et le surveillent. Une sentinelle l'a arrêté : Bonaparte lui dit : — Savez-vous qui je suis ? — Oui, j vous connais, et c'est pour cela que je vous arrête. Bonaparte passe outre ; la sentinelle fait feu sur lui, mais le manque. Le lendemain, sur

pendant ne pas mourir ici, à moins que ce ne soit de faim ou d'ennui : en ce cas chaque mois de séjour me sera sûrement compté pour plusieurs années de purgatoire.... Voyez, mon cher ami, quels moyens de salut vous avez négligés.

» Bonaparte, en arrivant ici, a été logé long-temps chez un habitant nommé *Balcombe*, qui a une fille de 14 ans, appelée *Betzi*. Elle est jolie, renommée par son esprit indépendant et par la fougue de son caractère ; Bonaparte en avait paru amoureux.

» L'autre jour, causant avec elle, je lui dis : « Mademoiselle, je ne m'étonne » pas de ce que vous parlez si bien le » français, c'est Bonaparte qui vous l'a « enseigné ? »

« — O mon Dieu non ! répondit-elle » il est trop grossier pour cela. »

« — On m'avait dit que vous aviez su » l'apprivoiser, et qu'il était amoureux. »

« — Oh bien ! vous ne le connaissez » pas..... il n'est pas assez galant. »

«Sa sœur me raconta qu'étant chez

les plaintes de Bonapart, le Gouverneur a fait assembler un conseil de guerre. Le soldat interrogé, a déclaré qu'il avait tiré sur Bonaparte dans l'intention de le tuer, attendu que Bonaparte violait la consigne. Le conseil de guerre a approuvé la conduite du soldat. »

lui, Bonaparte la prit par l'oreille en la
tirant très-fort : »

« Il me fit grand mal, dit-elle. »

« — Eh bien ! que fit cette jolie main ? »

« — Je lui donnai un fameux soufflet ;
» il en fut si colère, qu'il me serra le nez
» que j'ai eu rouge toute la journée. »
« Moi, je vous aurais embrassée, »
et je baisai la jolie main qui avait souf-
fletté le *grand homme*.

« Un autre jour, elle trouva dans sa
chambre une épée, la tira et fondit sur
lui.... Il se retira en un coin, en criant
de toutes ses forces. Lascases vint au
secours et la désarma.

« — Vouliez-vous le tuer ? lui deman-
dai-je. »

« — Non, je voulais le piquer un
peu, et voir de quelle couleur est son
sang. »

» Du reste, il ne se passe ici rien d'a-
musant. Bonaparte et presque toujours
de mauvaise humeur ; il vexe tout ce
qui l'entoure, et se fait servir en empereur.

» J'ai fait une traversée superbe. Nous
n'avons été que 57 jours, tandis qu'il
en a mis 77... Je n'ai pas trop souffert,
mais je ne suis pas encore bien remis,
quoique arrivé depuis le 18 juin. Je ne
suis pas malade, mais je n'ai point d'ap-

pêtit : mes jambes sont encore un peu enflées. Mon aide-de-camp, qui est un jeune homme de 26 ans, haut de 5 pieds 11 pouces, se remet plus vîte.

» Actuellement, parlons de vous, etc., etc.

» Vous pouvez copier ma lettre et la faire lire, elle rassurera les timides et intimidera les malveillans. Le style n'en est pas soigné, mais je n'écris que pour... et je n'ai pas le temps de refaire ma lettre : il va partir un vaisseau pour l'Europe.

» *Signé* le marquis de MONTCHENU, *Commissaire de S. M. T. C. à Ste.-Hélène.* »

~~~~~~~~~~~~~~~~~~~~~~~~~~~~~~~~~

Extraits de lettres écrites pendant la traversée de Spithead à Sainte - Hélène, et durant quelques mois de séjour dans cette île.

~~~~~

Le 3 Août 1815, le vaisseau de S. M. le *Northumberland*, capit. Ross, arriva le matin dans la rade de Torbay. Là, il fut joint par le *Tonnant*, capitaine Breton, accompagné du *Bellérophon*, capitaine Maitland, ce dernier vaisseau ayant à son bord Napoléon Bonaparte.

Le

» Le matin du jour suivant, le comte de Lascases , chambellan de Buona- parte , vint à bord pour faire préparer les choses nécessaires à son *maître*. Le bagage le suivait. Je n'entreprendrai pas de dépeindre la curiosité universelle qui se manifesta à bord à l'arrivée des effets appartenant au grand personnage déchu : c'était là tout ce qui restait en la possession d'un homme qui naguère faisait le malheur du monde. Au reste, l'attente des curieux n'eut pas lieu d'être satisfaite : à l'exception d'une boîte en acajou portant les armes impériales , rien ne distinguait ce bagage de celui d'un simple voyageur.

» Le comte de Lascases n'a pas cinq pieds de haut ; il paraît avoir 50 ans ; il est maigre , a le front ridé , et il porte l'uniforme d'un officier de la marine française.... La petitesse de sa taille ne laissait pas que d'exciter les remar- ques des spectateurs attentifs. Plusieurs d'entre eux s'attendaient à voir des figu- res *herculéennes* au service d'un homme qui avait pesé si long-tems sur l'Europe. Le chef lui-même devait bientôt trom- per fortement leur attente sur cepoint. »

Après avoir parlé des traces de cha- grin qu'on voyait sur la figure du comte Bertrand , l'auteur des lettres ajoute :

F

« Les plaintes de Madame Bertrand étaient différentes dans leur caractère et dans la manière de les exprimer. On s'apercevait quelquefois d'une teinte de désordre dans son esprit.

» Que pensez-vous, me dit-elle un jour, de notre situation ? Ne vous paraît-elle pas bien lamentable ? Quel changement pour une femme qui a tenu un des premiers rangs à la cour la plus gaie et la plus brillante de l'Europe ; pour une femme qui naguère était si puissante, qu'un seul de ses sourires pouvait faire mille heureux ! La femme du comte Bertrand, grand-maréchal-du-palais de l'empereur de France, est maintenant destinée à accompagner, avec ses trois enfans, son mari, exilé sur un rocher au milieu des eaux, où il faudra changer le faste, la pompe, les plaisirs contre une prison. »

» Les petits Bertrand sont d'assez jolis enfans : le plus jeune a 3 à 4 ans ; le plus âgé est né à Trieste ; l'autre est une fille d'un caractère bouillant, que trahissent des dispositions à la violence. L'esprit militaire paraît dominer exclusivement dans ces enfans, car, du matin au soir, ils s'amusent à s'excrimer, à marcher au pas, à charger au galop, en imitant les cavaliers, etc. ; la jeune fille n'est pas la moins animée à ces jeux, dirigés par un jeune garçon qui, à ce que je présume , est né dans un camp. »

-- « Les deux aides-de-camp de Bonaparte servaient dans la fatale campagne de Russie, et nous ont donné la description du froid qu'ils ont éprouvé avec toute son épouvantable horreur... Ils exaltent la cavalerie Russe ; mais ils disent que les Cosaques sont faciles à disperser ; ils n'ont pas une grande estime des Prussiens , et les regardent néanmoins comme supérieurs aux Autrichiens. »

-- Dans une conversation que j'eus avec le comte Bertrand , je lui demandai s'il avait lu la lettre du maréchal Ney au duc d'Otrante , concernant sa conduite à Waterloo ; et lorsque je lui eus dit de quelle manière le maréchal censurait la conduite de Bonaparte , et disculpait la sienne de tout reproche : bien, bien , répondit-il ; si j'avais eu le commandement de la division Ney, peut-être aurais-je fait plus mal , mais dans le poste où j'étais , j'ai vu beaucoup de choses à blâmer ».

— Le nom de *Fouché* , de ce révolutionnaire consommé , n'est jamais prononcé dans le cabinet de nos exilés sans être accompagné des plus horribles imprécations.

— Malgré une brise assez forte et le mouvement qu'elle occasionait, Bonaparta a paru sur le pont entre trois et quatre heures. Il s'est amusé à faire des questions au lieutenant de quart. Combien de nœud le vaisseau file-t-il dans une heure. Pourquoi la mer a-t-elle l'air de s'enfoncer? Le tout pour montrer que rien ne lui était étranger. Moi je ne pouvais m'empêcher de sourire, quand je considérais l'homme qui aspirait naguères si impudemment à la conquête de l'Europe, chancelant sur le pont d'un navire, s'accrochant au premier bras qu'il peut rencontrer, pour éviter de tomber, il n'a pas carencore trouvé son à-plomb.

« Le général Gourgon nous a fait passer d'agréables momens, en nous donnant des détails sur les campagnes de Russie et de la Péninsule, dont il a été un des acteurs..... Il nous a fait une description du froid de la Russie en des termes qui ont excité vivement notre attention : vous pouvez vous imaginer aisément la situation d'un Français né sous un beau climat, qui, après avoir servi en Espagne, se trouve transporté dans une partie du monde où les larmes se glacent sur les joues, et où les soldats, au moment où ils cherchent à se ranimer, tombent morts sur la place.

-- Bonaparte a une figure assez commune ; son visage est large, plein et pâle sans être maladif. Lorsqu'il parle, ses muscles n'éprouvent aucune contraction, excepté ceux qui sont immédiatement voisins de la bouche..... il sourit quelquefois, mais ne rit jamais. Lorsque le rire éclatait autour de lui, je n'ai pas vu cette disposition le gagner. Les enfans qui sont avec nous n'ont pu captiver un seul instant son attention.

-- J'ai observé que notre homme aime à jouer gros jeu ; il perd sans prendre trop d'humeur. Mais, aux échecs, jeu de combinaison, et qui peut être considéré comme ayant quelque rapport à la tactique, il ne paraît pas mettre la même impassibilité, et je soupçonne fortement M. Montholon, lorsqu'il joue avec lui, de prendre un soin particulier à être le perdant : j'ai lu, je ne sais où, qu'un grand capitaine, ayant été battu aux échecs par un de ses officiers, éprouva un si furieux mouvement de jalousie, qu'il tira un pistolet, et brûla la cervelle à son vainqueur. Peut-être l'aide-de-camp connaît-il aussi cette histoire...?

« Le passage de *la ligne* est un jour

de réjouissance pour tous les navigateurs. La cérémonie qui a eu lieu à cetteoccasion vous est trop connue pour qu'il soit nécessaire de vous en donner la moindre description. Cependant je dois vous dire que dans cette occasion nos marins se sont surpassés : nos passagers se sont soumis de la meilleure grâce du monde à ces saturnales maritimes.

« Ni le *Neptune* , ni l'*Amphitrite* du jour n'eurent à se plaindre : ils étaient assis dans un bateau rempli d'eau, ayant pour trône une cuve . et pour sceptre une brosse de peintre, entourés de leurs Tritons , c'est - à - dire de cinquante à soixante hommes des plus forts de l'équipage , nus jusqu'au milieu du corps, et barbouillés de diverses couleurs , portant chacun un seau d'eau salée pour arroser plus ou moins les sujets du *Dieu de la mer*. — Vous aurez une idée de la licence qui règne dans ces momens là , lorsque je vous aurai dit que le capitaine Ross , commandant le vaisseau , a reçu un seau d'eau sur le corps sans témoigner le moindre mécontentement.

Bertrand, Montholon , Gourgon et Lascaes , est tous les domestiques se sont présentés d'eux - mêmes devant *Neptune* , et ont reçu leur part de ces ablutions. Un mousse entonna la chanson , *The snug Island* dont plusieurs strophes ne sont pas à l'avantage des ennemis de la Grande-Bretagne ; mais ces Messieurs n'eurent pas l'air d'y faire attention.

Les dames , placées sur un lieu élevé , furent témoins de la scène , et parurent s'en amuser beaucoup. Pour Bonaparte , il resta tout le temps de la cérémonie enfermé dans sa cabane : la joie des autres l'affecte désagréablement.

Cet homme a bien raison de se glorifier de son tempérament de fer ; car , quand on songe en combien de divers climats il s'est trouvé , et à quelle succession de fatigues il a été exposé depuis 25 ans , on ne peut assez s'étonner de la santé dont il jouit. -- Il dit qu'il n'a été que deux fois , pendant toute sa vie, obligé d'avoir recours aux médecins.

« Bonaparte avait ressenti , à son retour d'Egypte , une douleur au poumon, et me demanda si j'aurais fait comme Corvisart, qui lui appliqua deux vésicatoires ? Je lui répliquai que très-probablement je l'aurais saigné avant d'appliquer ce remède, parce que , dans le commencement des affections pectorales , l'inflammation est généralement à redouter. La conversation me fournit une belle occasion de lui demander si son sommeil était profond ; mais à peine eus-je lâché cette parole , que je sentis combien ma question était indiscrète. Je n'aurais pas été surpris qu'il m'eût quitté sans me répondre ; mais , avec une expression qui me fit frémir , il me dit : *Non , depuis le berceau , j'ai été indifférent aux douceurs du sommeil.*

» Vos *new-papers* (papiers nouvelles), disait un jour Bonaparte , sont par fois bien *contradictoires* , et souvent bien outrageans pour moi : dans l'un , je suis appelé *un fou* ; dans un autre , *un tyran*; dans un troisième *un monstre* , et dans un autre on me peint comme *un lâche* , parce que je n'ai pas voulu , de sang-froid , terminer ma vie ». Il ajouta fort tranquillement *qu'il ne se sent pas assez de vertu romaine pour se détruire.* Il passe la plus grande partie du jour sur un sopha ; le soir il quitte la table de jeu de bonne heure , et le lendemain il est rarement visible avant onze heures ; souvent même il prend son déjeûner dans le lit. Mais aussi , il n'a plus rien à faire , plus d'invasion à méditer , plus de conscription à lever pour le malheur des familles. »

Le 15 Octobre 1815, le vaisseau arriva à Sainte-Hélène. --

Bonaparte me dit un jour : Un navire

vient d'arriver d'Angleterre, je pense qu'il apporte des lettres et des gazettes. Quelles sont les nouvelles de France?.. J'ai lu quelques articles qui vous concernent; mais la plus grande partie roule sur le procès et la sentence du maréchal Ney. -- Quoi ! dit Bonaparte, sans le moindre changement de contenance, le maréchal Ney a été condamné ?

-- Oui, répliquai - je ; il s'est adressé aux ministres des alliés, mais en vain. Il a prétendu, dans sa défense, qu'il avait été trompé par vous ; que la proclamation qu'on lui reproche avait été écrite par le major-général Bertrand, et qu'il avait été induit en erreur par vos faux rapports sur l'Angleterre et l'Autriche. -- Bertrand, qui était dans la chambre, observa que le maréchal Ney *avait pu dire tout ce qu'il voulait pour se sauver* ; mais que l'assertion relative à la proclamation était fausse et ridicule..... Bonaparte ne fit aucun commentaire sur la nouvelle que je venais de lui donner; il se borna à dire : c'était un homme de courage. Ce fut le seul signe de regret qu'il laissa échapper sur un homme de la mort duquel il était cause.

Bonaparte parcourait un jour une longue suite de pages de l'ouvrage de

Goldsmith : et quand il tomba sur la mort de l'infortuné duc d'Enghien, je ne fus pas peu surpris de le voir s'arrêter sur cet article ; car les chauds apologistes qui forment sa suite, quoique toujours prêts à excuser leur maître, avaient toujours gardé le silence sur cet horrible événement, lorsque je l'avais mis sur le tapis. A entendre Bonaparte, le bonheur de la France reposait sur la conservation de sa personne : « Je voyais, dit-il, mon trône chanceler ; l'orage grondait : je résolus de faire tomber la foudre sur un Bourbon.... J'étais convaincu de ce que l'on m'avait si souvent répété, que ma nouvelle dynastie ne serait pas assurée tant qu'il existerait des Bourbons..... Je donnai donc l'ordre de saisir et d'amener le duc d'Enghien ; il fut condamné et immédiatement exécuté. Pareil sort serait arrivé à Louis XVIII, s'il s'était trouvé dans le cas du duc d'Enghien. -- L'Angleterre m'accuse de la mort de Pichegru ! Quelle idée ! Voilà bien une preuve des effets de la prévention sur la raison des Anglais ! A-t-on besoin de faire périr en secret un homme que la loi met dans la main du bourreau ?...... ».

-- Il s'arrêta là, et je lui répliquai : il y a peut-être des jacobins, en Angleterre, disposés à exécuter quelques - unes des mesures acerbes que vous avez prises à cette époque ; mais personne , que je sache , ne sera tenté d'excuser la précipitation avec lequel ce jeune et noble Prince a été arrêté , jugé , condamné et fusillé.

— *Je suis justifié dans ma propre conscience ,* interrompit Bonaparte , et je vous répète ce que j'ai dit : « Que j'aurai également ordonné la mort de Louis XVIII ; et , en même temps , j'affirme qu'il ne m'est parvenu aucune lettre du Prince après sa sentence. »

L'auteur des lettres termine son ouvrage par cette réflexion : Qu'il faut que cet homme soit bien insensible et ait le cœur bien desséché , pour ne pas avoir une seule fois, pendant le cours de ses conversations , laissé échapper un regret sur la position où il a mis la France par sa dernière et criminelle entreprise.

JUGEMENT

*De la Commission militaire spéciale,
qui condamne* Louis - Antoine - Henri
de Bourbon, *duc* d'Enghien, *à être
fusillé.*

AU NOM DU PEUPLE FRANCAIS.

Ce jourd'hui 30 Ventôse an 12 de la
république ;

La commission militaire spéciale, for-
mée dans la première division militaire,
en vertu de l'arrêté du gouvernement,
en date du 29 Ventôse an 12, composée,
d'après la loi du 19 Fructidor an 5, de
sept membres, savoir :

Les citoyens Hullin, général de bri-
gade, commandant les grenadiers à pied
de la garde, président ;

Guiton, colonel, commandant le
premier régiment des cuirassiers ;

Bazancourt, colonel, commandant le
4ᵉ. régiment d'infanterie de ligne ;

Ravier, colonel, commandant le 18ᵉ.
régiment de ligne ;

Barrois, colonel, commandant le 96ᵉ.
régiment d'infanterie de ligne ;

Rabbe, colonel, commandant le 2ᵉ.
régiment de la garde de Paris ;

D'AUTANCOURT

D'Autancourt , capitaine-major de la gendarmerie d'élite , faisant les fonctions de capitaine rapporteur ;

Moltn , capitaine au 18.ᵉ régiment d'infanterie de ligne , greffier ;

Tous nommés par le général en chef Murat , gouverneur de Paris , et commandant la première division militaire.

Lesquels président, membres, rapporteur et greffier ne sout ni parens ni alliés entreux ni du prévenu au dégré prohibé par la loi.

La commission convoquée par l'ordre du général en chef , gouverneur de Paris , s'est réunie , au château de Vincennes , dans le logement du commandant de la place , à l'effet de juger le nommé Louis-Antoine-Henri de Bourbon, duc d'Enghien , né à Chantilly le 2 Août 1772 ; taille d'un mètre 705 millimètres, cheveux et sourcils châtain clair , figure ovale , longue , bien faite, yeux gris tirant sur le brun , bouche moyenne , nez aquilin , menton un peu pointu , bien fait.

Accusé 1º. d'avoir porté les armes contre la république française ;

2º. D'avoir offert ses services au gouvernement anglais , ennemi du peuple français ;

3º. D'avoir reçu et accrédité près

G

de lui des agens dudit gouvernement anglais ; de leur avoir procuré des moyens de pratiquer des intelligences en France , et d'avoir conspiré avec eux contre la sûreté intérieure et extérieure de l'Etat ;

4°. De s'être mis à la tête d'un rassemblement d'émigrés français et autres, soldés par l'Angleterre , formé sur les frontières de la France , dans le pays de Fribourg et de Baden ;

5°. D'avoir pratiqué des intelligences dans la place de Strasbourg , tendantes à faire soulever les départemens circonvoisins , pour y opérer une diversion favorable à l'Angleterre ;

6°. D'être l'un des fauteurs et complices de la conspiration tramée par les Anglais contre les jours du premier consul , et devant , en cas de succès de cette conspiration , entrer en France.

La séance ayant été ouverte, le président a ordonné au rapporteur de donner lecture de toutes les pièces, tant celles à charge que celles à décharge.

Cette lecture étant terminée, le président a ordonné à la garde d'amener l'accusé , lequel a été introduit libre et sans fers devant la commission.

Interrogé de ses noms, prénoms, âge, lieux de naissance et domicile ,

A répondu se nommer Louis - Antoine-Henri de Bourbon, duc d'Enghien, âgé de 32 ans, né à Chantilly, près Paris, ayant quitté la France le 19 Juillet 1789.

Après avoir fait prêter interrogatoire à l'accusé, par l'organe du président, sur tout le contenu de l'accusation dirigée contre lui ; oui le rapporteur en son rapport et ses conclusions, et l'accusé dans ses moyens de défense ; après que celui-ci a eu déclaré n'avoir plus rien à ajouter pour sa justification, le président a demandé aux membres s'ils avaient quelques observations à faire ; sur leur réponse négative, et avant d'aller aux opinions, il a ordonné à l'accusé de se retirer. L'accusé a été reconduit à la prison par son escorte ; et le rapporteur, le greffier, ainsi que les citoyens assistans dans l'auditoire, se sont retirés sur l'invitation du président.

La commsision délibérante à hui-clos, le président a posé les questions ainsi qu'il suit :

Louis-Antoine-Henri de Bourbon, duc d'Enghien, accusé,

1°. D'avoir porté les armes contre la république française, est-il coupable ?

2°. D'avoir offert des services au gou-

vernement anglais, ennemi du peuple
français, est-il coupable ?

3°. D'avoir reçu et accrédité près de
lui des agens dudit gouvernement anglais ; de leur avoir procuré des moyens
de pratiquer des intelligences en France,
et d'avoir conspiré avec eux contre la
sûreté extérieure et intérieure de l'Etat,
est-il coupable ?

4°. De s'être mis à la tête d'un rassemblement d'émigrés français et autres,
soldé par l'Angleterre, formé sur les
frontières de la France, dans les pays
de Fribourg et de Baden, est-il coupable ?

5°. D'avoir pratiqué des intelligences
dans la place de Strasbourg, tendantes
à faire soulever les départemens circonvoisins pour y opérer une diversion favorable à l'Angleterre, est-il coupable?

6°. D'être l'un des fauteurs et complices de la conspiration tramée par les
Anglais contre la vie du premier consul,
et devant, en cas de succès de cette
conspiration, entrer en France, est-il
coupable ?

Les voix recueillies séparément sur
chacune des questions ci-dessus, com-
mençant par le moins ancien en grade,
le président ayant émis son opinion le
dernier.

La commission déclare le nommé Louis-Antoine-Henri de Bourbon , duc d'Enghien ,

1°. A l'unanimité , coupable d'avoir porté les armes contre la république française ;

2°. A l'unanimité , coupable d'avoir offert ses services au gouvernement anglais , ennemi du peuple français ;

3°. A l'unanimité , coupable d'avoir reçu et accrédité près de lui des agens dudit gouvernement anglais , de leur avoir procuré des moyens de pratiquer des intelligences en France , et d'avoir conspiré avec eux contre la sûreté extérieure et intérieure de l'Etat ;

4°. A l'unanimité, coupable de s'être mis à la tête d'un rassemblement d'émigrés français et autres, soldé par l'Angleterre , formé sur les frontières de la France dans les pays de Fribourg et de Baden ;

5°. A l'unanimité , coupable d'avoir pratiqué des intelligences dans la place de Strasbourg , tendantes à faire soulever les départemens circonvoisins , pour y opérer une diversion favorable à l'Angleterre ;

6°. A l'unanimité , coupable d'être l'un des fauteurs et complices de la conspiration tramée par les Anglais contre la

G 3

vie du premier consul , et devant , en cas de succès de cette conspiration , entrer en France.

Sur ce , le président a posé la question relative à l'application de la peine ; les voix recueillies de nouveau dans la forme ci-dessus indiquée ,

La commission militaire spéciale condamne à l'unanimité à la peine de mort le nommé Louis-Antoine-Henri de Bourbon , duc d'Enghien , en réparation des crimes d'espionnage , de correspondance avec les ennemis de la république , d'attentat contre la sûreté intérieure et extérieure de la république.

Ladite peine prononcée en conformités des articles 2 , titre IV du Code militaire des délits et des peines , du 21 Brumaire an 5 , 1er. et 2 , 2e. section du titre 1er. du Code pénal ordinaire , du 6 Octobre 1791 , ainsi conçu , savoir :

Art. 2. (du 21 Brumaire an 5) « Tout individu, quel que soit son état, » qualité ou profession , convaincu d'es- » pionnage pour l'ennemi , sera puni de » mort. »

Art. 1er. « Tout complot et attentat » contre la république , sera puni de » mort. »

Art. 2e. (du 6 Octobre 1791.) «Toute

» conspiration et complot, tendant à
» troubler l'Etat par guerre civile, en
» armant les citoyens les uns contre les
» autres, ou contre l'exercice de l'au-
» torité légitime, sera puni de mort. »

Enjoint au capitaine - rapporteur de
lire de suite le présent jugement, en
présence de la garde assemblée sous
les armes, au condamné.

Ordonne qu'il en sera envoyé, dans
les délais prescrits par la loi, à la dili-
gence du président et du rapporteur,
une expédition, tant au ministre de la
guerre qu'au grand-juge ministre de la
justice, et au général en chef, gouverneur de Paris.

Fait clos et jugé sans désemparer,
les jour, mois et an susdits, en séance
publique ; et les membres de la commission militaire spéciale ont signé, avec le
rapporteur et le greffier, la minute du
jugement.

Signés, GUITON, BAZANCOURT,
RAVIER, BARROIS, RARBE, D'AU-
TANCOURT, capitaine - rapporteur ;
MOLTN, capitaine-greffier, et HUL-
LIN, président.

(Extrait du journal du Soir).

DÉLIVRANCE DE BORDEAUX (1).

Français, réjouissons-nous ; nos malheurs sont finis. Louis XVIII a été proclamé Roi de France et de Navarre par l'Empereur Alexandre lui-même, et au milieu de Paris. Le drapeau blanc flotte dans la capitale ; tous les habitans ont pris la cocarde blanche ; l'enthousiasme des Parisiens est semblable à celui des Bordelais. l'Empereur Alexandre, ayant fait rassembler sur les boulevards, les prisonniers français, leur a dit qu'il leur rendait la liberté au nom de Louis XVIII. Tous ont demandé à combattre et mourir pour leur Roi légitime ; tous lui ont fait serment de fidélité. Le soir, l'Empereur Alexandre s'est rendu à l'Opéra où l'on a joué la Vestale ; l'air, *Vive Henri IV !* a été cent fois répété, et cent fois applaudi.

Telles sont les nouvelles heureuses et mille fois heureuses qui arrivèrent à Bordeaux, hier, à quatre heures après midi.

Le Préfet, le Sous-Préfet, le Maire, les Membres du Conseil de Son Altesse

---

(1) Cet article fut fait et envoyé au Rédacteur du Mémorial Bordelais, par M. Emérigon, membre du Conseil de S. A. R. le duc d'Angoulême.

Royale , tous les fonctionnaires publics accoururent au même instant au Palais Royal; là ces heureuses nouvelles furent proclamées par Mr. le comte de Damas en présence de cette garde fidèle , dont le dévouement et le zèle sont au-dessus de tous les éloges.

Son Altesse Royale se vit tout-à-coup entourée de ses amis les plus affidés. Des larmes de joie coulaient de tous les yeux. Les cris de *vive le Roi!* retentirent dans toutes les salles , et furent bien-tôt répétés par un peuple immense qui environnait le Palais. La cloche de l'hô-tel-de-ville se fit entendre ; tous les ci-toyens s'embrassaient avec attendrisse-ment. Il est impossible de peindre le ra-vissant tableau qui résultait de cette fête de famille. Ceux qui en ont été les au-teurs et les témoins en ont senti le char-me et la douceur ; mais il est au-dessus de la parole humaine de la raconter et de la peindre.

Les transports et l'allégresse se sont prolongés bien avant dans la nuit ; la plus éclatante illumination en avait fait disparaître les ombres.

Paris , Bordeaux te remercie.

(Extrait du supplément du Mémorial Bordelais , sous la date du 10 Avril 1814.

✾✾✾✾✾✾✾✾✾✾✾✾✾✾✾✾✾✾✾✾✾✾✾✾✾✾

Relation de l'arrivée à Bordeaux, *de leurs Altesses Royales* LE DUC *et* LA DUCHESSE D'ANGOULÊME, par M. Emérigon.

Bordeaux, le 6 mars 1815.

S'il est des sentimens que la parole ne peut exprimer, il est aussi des spectacles qu'elle ne peut décrire. Comment raconter ce que nous avons éprouvé, ce que nous avons vu hier 5 Mars, en recevant à Bordeaux leurs Altesses Royales le Duc et la Duchesse d'Angoulême? ce n'est même pas le récit d'un seul jour. Il faudrait peindre la joie des Bordelais depuis la fin de Février, cette foule immense accourant des villes voisines, ces mouvemens continuels, cette impatience du bonheur, ces préparatifs d'un peuple entier pours décorer une cité déjà si belle par son héroïque dévouement, mais si avide de revoir l'auguste précurseur du bon Roi que le ciel nous a rendu, si glorieuse de posséder dans son sein la fille angélique de Louis XVI. Ah! nos magistrats savent bien qu'ils n'eurent rien à prescrire; ils savent que les sentimens qui les animent animent aussi les Bordelais de tout état, de tout sexe, de tout âge.

Hier, par un temps superbe, toute la population s'était portée sur les quais;

l'enthousiasme fut à son comble , lorsqu'on apprit, à midi , que Leurs Altesses
Royales étaient arrivées au passage de
la Bastide , où elles étaient attendues
par six Membres du Corps municipal.
Elles traversèrent le beau fleuve de la
Garonne , au milieu de mille bateaux ,
au bruit des cloches , des salves d'artillerie , d'une musique éclatante et des acclamations d'un peuple ivre de bonheur.
Leur descente sur le quai du Chapeau-
Rouge , fut le plus beau des spectacles.
Elles ont vu notre empressement, notre
joie ; Elles ont entendu ces cris mille
fois répétés , ces cris qui partaient de
nos cœurs , et qui exprimaient si éner-
giquement nos sentimens et notre amour.

Leurs Altesses Royales ayant été con-
duites dans un pavillon de repos , placé
sur le quai, et dont on ne pouvait s'empêcher d'admirer l'élégance et l'ingé-
nieuse décoration, ont reçu , avec un attendrissement qu'elles ne pouvaient cacher , les hommages de la ville dont
M. le comte de Lynch , Maire de Bordeaux , a été le digne organe. Cinquante jeunes demoiselles , parées de
toutes les grâces de la beauté et appartenant aux premières familles , ont
offert à l'auguste fille de Louis XVI
des fleurs qu'elle a daigné recevoir avec

la plus touchante bonté ; mademoiselle Desèze a porté la parole pour ses compagnes : c'était son cœur qui parlait, et de douces larmes coulaient de tous les yeux.

Mais lorsque Leurs Altesses se sont élancées sur le char qui devait les conduire au Palais, le peuple, en les voyant, a fait éclater de nouveaux transports ; rien n'a pu l'arrêter ; il s'est emparé du char, et l'a trainé au travers une foule immense qui ne pouvait se rassasier du bonheur de voir, de contempler des Princes si chéris. Ce mouvement a été si prompt, qu'il a été impossible de le prévenir et de l'empêcher ; mais ce désordre même était si beau, si magnifique, qu'on ne saurait blâmer ceux qui en furent les auteurs, et parmi lesquels on voyait de jeunes enfans trépignant de joie en tenant les rênes que leurs mains délicates s'efforçaient de tirer.

Cette marche triomphale au milieu de deux cent mille personnes, cette ivresse d'un peuple entier, cet élan continuel de nos cœurs pour célébrer l'arrivée de nos Princes, ces cris mille fois répétés de *vive le Roi ! vive le Duc d'Angoulême ! vive la Duchesse d'Angoulême!* non, il est impossible que Leurs Altesses Royales les oublient jamais.

A

A peine arrivés, et malgré la fatigue du voyage, nos Princes chéris ont voulu recevoir toutes les Autorités....... Les anciens Membres du Conseil sont aussi venus présenter leurs hommages. Tous ont été pénétrés de l'obligeante affabilité de nos Princes, de ces paroles touchantes qu'on ne peut entendre sans émotion , qu'on aime à répéter, et qu'on n'oublie jamais.

Le soir , Leurs Altesses se rendirent aux vœux du peuple, en honorant le spectacle de leur présence. Il est impossible de peindre l'enthousiasme que leur vue fit éprouver ; on ne pouvait se rassasier du bonheur de les voir , de les contempler. Ah ! si le Roi , si Monsieur comte d'Artois, si Monseigneur le Duc de Berry , avaient été hier à Bordeaux , ils auraient pu juger de notre amour pour le Roi-père que la Providence nous a rendu, et pour son auguste Maison : il semblait que les Bordelais voulussent faire entendre leurs cris de joie à toute la France.

Bordeaux, si le 12 Mars 1814 signala ton courage et ta fidélité , le 5 Mars 1815 a signalé ton dévouement et ton amour pour les augustes descendans de Saint-Louis, d'Henri IV et de Louis XVI.

H

AU NOM DU ROI.

Louis des Hercendières, *commissaire de Son Altesse Royale Monseigneur le Duc d'Angoulême, dans le département de la Gironde , pendant l'usurpation.*

HABITANS DE LA GIRONDE ,

Déjà vous jouissiez des bienfaits d'un règne protecteur des lois et de la liberté publique , lorsque la trahison a livré une seconde fois le trône de Saint-Louis à l'ennemi de votre repos , au bourreau de vos enfans.

Le danger , la ruine et la mort ont signalé sa puissance ; le même fléau menace encore de vous accabler , si , au mépris de l'expérience et des devoirs les plus sacrés , vous écoutez les perfides suggestions des complices du tyran.

Vous n'avez point à redouter le rétablissement des dîmes , des redevances seigneuriales, ni de la féodalité ; les ecclésiastiques seront payés des deniers de l'Etat ; le Roi Louis XVIII vous en a donné sa parole : un Bourbon ne transige point avec l'honneur !...... Sa Majesté , dans toutes les déclarations , garantit la vente des biens nationaux , les institutions libérales et le maintien des Corps administratifs et judiciaires dans la plénitude de leurs attributions. C'est aussi d'après les ordres formels de Sa Majesté, que je vous en renouvelle ici l'assurance.

Ce n'est pas non plus pour assujettir la France à leur domination que les Puissances alliées s'arment aujourd'hui ; ce n'est pas aux Français qu'elles déclarent la guerre ; c'est au dévastateur de l'Europe entière !..... sa défaite est inévitable ; il a épuisé les ressources, et a creusé lui-même l'abîme qui va bientôt l'engloutir !....

Les habitans de la Vendée, éclairés sur leurs véritables intérêts, déploient en ce moment une énergie qui les couvre de gloire. Serez-vous les derniers à suivre ce noble élan, braves Girondins ! vous qui, l'année dernière, donnâtes un si bel exemple à votre patrie, et vous illustrâtes aux yeux de la postérité ?.... Non, cette magnanimité héréditaire dans le cœur du dernier des Français vous rangera sous les drapeaux de l'honneur, pour combatre le crime, et le cri de *vive le Roi !* ce cri qui conduisait nos pères à la victoire, retentira encore dans vos rangs.

Et vous, soldats, qui flétririez, par un opiniâtre aveuglement, des lauriers qui vous ont acquis l'admiration et l'estime des nations, hâtez-vous de vous rallier sous la bannière des lis ; vous y retrouverez des frères qui déplorent votre égarement, et un père qui pardonne.

Vive le Roi !

Louis DES HERCENDIÈRES (1).

Le 8 Juin 1815.

PROCLAMATION

DE MADAME DUCHESSE d'ANGOULÊME, *Arrivée à Libourne, le 1.er Mai 1815, (2).*

MARIE - THÉRÈSE DE FRANCE,

Fille de France, Duchesse d'Angoulême, aux Bordelais et aux habitans de la Gironde.

BORDELAIS, HABITANS DE LA GIRONDE,

Je vous promis, en m'éloignant de transmettre au Roi le témoignage d'amour et de fidélité que n'ont cessé de me donner vos cœurs dévoués à la cause de l'honneur et de la Patrie. Touchée

(1). Nom supposé ; mais qui néanmoins produisit le meilleur effet : nous en savons quelque chose.

(2). Dans le même mois nous reçumes aussi des proclamations du comte d'Autichamp, lieutenant-général vendéen, des armées royales.

de tant de dévouement et de loyauté, le
Roi vient d'assurer la libre circulation
de vos vaisseaux ; votre commerce sera
respecté ; celui qui l'a détruit ; sera seul
renversé, sous quelque nom qu'il paraisse.
Le Roi, nos Alliés savent que l'opinion
de quelques hommes égarés n'est pas
celle de la majorité des Français. Ils fe-
ront respecter les droits des personnes
et les propriétés des sujets fidèles ; et
même ceux qui furent un instant séduits,
trouveront, dans leur prompt retour aux
principes de la justice et de l'humanité,
un sûr garant de la clémence d'un Roi,
père de son peuple. Il s'avance ; il re-
vient vers vous ; soyez plus que jamais
unis à sa cause : c'est votre bonheur
que vous défendez plus que jamais. Ral-
liez-vous à la bannière du grand Henri.
On a déjà ramené parmis vous la guerre
et ses funestes suites ; déjà les emprunts
forcés, et la conscription plus cruelle encore , détruisent vos fortunes et déso-
lent vos cœurs ; que votre courage ne
soit point abattu ; que votre constance
ne soit point ébranlée ; résistez à votre
oppresseur par cette force d'intérêt
que vous donne la conviction de vos
droits. Votre libérateur s'approche sous
les drapeaux de l'honneur ; gardez dans
vos cœurs généreux le serment que vous

avez fait de soutenir les droits de votre Roi, vous qui, conduits sur des terres étrangères, dans des climats lointains, y vîtent périr tant de milliers de vos frères d'armes; vous qui fûtes si lâchement abandonnés par l'ennemi qui vous sacrifie à son insatiable ambition ; vous dont on se sert aujourd'hui pour soutenir une odieuse guerre, au moment où vous alliez jouir de tous les bienfaits de la paix. Livrez-vous à l'espérance ; elle ne sera pas déçue. Votre Roi vous apporte cette paix solide et durable ; il vous l'apporte avec la récompense et le bonheur que méritent des cœurs fidèles: *l'Honneur, le Roi et la Patrie*, voilà le cri de ralliement de tous les bons Français. C'est à ce cri que le trône sera rétabli, pour ne jamais être attaqué. Bordelais !..... habitans de la Gironde, le moment qui ramènera le Roi dans la capitale sera celui de mon retour auprès de vous : je forme cette espérance ; Dieu la réalisera; il protégera l'honneur, le Roi et la Patrie (1).

---

(1) Cette Proclamation nous parvint manuscrite, avec l'assurance qu'elle venait de MADAME. Si nous la donnons ici, c'est parce qu'elle nous rappelle les heureux effets qu'elle produisit dans tout l'arrondissement où elle fut répandue par nous, ainsi que beaucoup d'autres pièces faites pour entretenir le bon esprit des habitans de Libourne et de son arrondissement.

Résumé d'un bon calculateur sur les victimes de Bonaparte.

Selon un bon calculateur, Bonaparte a fait périr, dans onze années de son règne, 5,490,000 Français; ce qui surpasse le nombre de ceux que nos guerres civiles ont enlevés, pendant trois siècles, sous les règnes de Jean, de Charles V, de Charles VI, de Henri II, de Henri III et de Henri IV. Dans les douze derniers mois de son règne, ce tyran leva, sans compter la garde nationale, 1,330,000 hommes; ce qui faisait plus de 100,000 hommes par mois; et ses vils courtisans avaient l'impudeur de lui dire qu'il n'avait dépensé que le luxe de la population : quel langage !... il était digne d'eux.

Notice intéressante sur le duc d'Enghien.

La vie des héros se ressemble tellement que, dans l'Oraison funèbre du grand Condé, prononcée depuis plus d'un siècle, Bossuet a peint, dans un autre Duc d'Enghien, celui dont la France déplorera à jamais la perte. Écoutons ce prince de nos orateurs :

« Dans ses premières guerres, le Prince
» de Condé n'avait qu'une seule vie à
» offrir au Roi. Maintenant il en a une
» qui lui est plus chère que la sienne ;
» après avoir, a son exemple, glorieu-
» sement achevé le cours de ses études,
» le Duc d'Enghien est prêt à le suivre
» dans les combats. Non content de lui
» enseigner la guerre, comme il l'a fait
» jusqu'a la fin par ses discours, le Prin-
» ce le mène aux leçons vivantes et à
» la pratique. Laissons le passage du
» Rhin, le prodige de notre siècle et
» de la vie de Louis-le-Grand. A la jour-
» née de Senef, le jeune Duc, quoi qu'il
» commandât, comme il l'avait déjà
» fait en d'autres campagnes, vient, dans
» les plus rudes épreuves, apprendre la
» guerre aux côtés du Prince son père.

» Au milieu de tant de périls, il voit
» ce grand Prince renversé dans un
» fossé, sous un cheval, tout en sang.
» Pendant qu'il lui offre le sien, et s'oc-
» cupe à relever le Prince abattu, il
» est blessé entre les bras d'un père si
» tendre, ravi de satisfaire à la fois à la
» piété et à la gloire. Que pouvait pen-
» ser le Prince, si ce n'est que pour ac-
» complir les plus grandes choses, rien
» ne manquait à ce digne fils que les

» occasions, et ses tendresses se redou-
» blaient avec son estime. »

N'est-ce pas là de nos jours, le tableau
fidèle des premières campagnes du Duc
d'Enghien ? N'est-ce pas la en même
temps l'histoire du Prince de Condé son
aïeul, et de son père le Duc de Bourbon?
Les voilà dans leur naturel, selon l'expression de Bossuet, dans la même Oraison funèbre. En effet, n'a-t-on pas vu ce
jeune héros, à la bataille de Berstein,
le 2 Décembre 1793, combattre aux côtés de ces deux grands capitaines, et
apprendre sous eux l'art de la guerre ?
Le Prince de Condé commandait l'infanterie ; le Duc de Bourbon son fils, la cavalerie. Il est blessé à la main droite ;
le Duc d'Enghien le remplace dans la
mêlée; et, à l'âge de dix-sept ans, il commande avec autant de prudence que de
valeur. Hélas ! que n'a-t-il péri dans ces
combats glorieux ! Que ne pouvons-nous
dire, pour modérer notre douleur, il a
été moissonné dans les batailles comme
le jeune Euryale, que Virgile compare
à une tendre fleur tombant sous le tran-
chant de la faulx ; nos regrets seraient
moins amers, et nous aurions un crime
de moins dans nos annales. Celui qui l'a
commis était étranger au plus grand attentat de la révolution : de grands suc-

cès militaires, et plus encore une heureuse témérité l'avaient élevé au suprê-
me pouvoir ; mais en immolant le Duc
d'Enghien, en ordonnant froidement
son supplice, il s'est couvert du man-
teau sanglant des régicides. Au moment
où j'écris ce triste anniversaire, un autre plus fécond en calamités, celui du
retour de l'île d'Elbe, couvre la France
d'un deuil universel ; il me semble entendre le canon d'alarmes de la capitale
annoncer à ses habitans consternés l'événement le plus déplorable qui ait jamais
accablé une nation. Mais poursuivons
celui que j'ai commencé.

A la nouvelle de l'assassinat du Duc
d'Enghien, l'indignation publique éclata
spontanément. Elle fut populaire, dit
un historien moderne : elle poursuivit et
atteignit le meurtrier au milieu de ses
triomphes et de ses conquêtes d'un jour,
achetés par un siècle de malheurs. Et
c'était après que le Prince de Condé
eût licencié cette armée si valeureuse
et si fidèle, digne de porter son nom ;
c'était au moment où le Duc d'Enghien
déposait les armes, que l'on médite
sa mort, et qu'elle est résolue. Il était
retiré sur le territoire de Bade, comme
dans un asile inviolable ; il s'y livrait à
tout les exercices de la paix. Comme le

grand Condé, à Chantilly, il s'adonnait à la culture des fleurs, lorsqu'il fut enlevé par le plus horrible complot.

Ah ! répandons sur sa tombe ces fleurs qu'il aimait. et qu'il cultivait lui-même dans sa retraite si paisible et si horriblement troublée ! Offrons l'hommage de notre inconsolable douleur à son auguste aïeul, ce Nestor des chevaliers français ; à son illustre et malheureux père ; et terminons cet article, comme nous l'avons commencé, par cette autre citation de Bossuet, extraite de l'Oraison funèbre d'Anne de Gonzague : « On dit tout, quand on prononce seulement les noms de Louis de Bourbon, Prince de Condé, et de Henri-Jules de Bourbon, Duc d'Enghien. »

Inscription du Duc d'Enghien.

Toute l'Europe a retenti de l'assassinat du Duc d'Enghien, commis par les ordres suprêmes du Robespierre à cheval ; c'est dans la partie orientale des fossés du château de Vincennes que fut fusillé, en Mars 1804, ce Prince, dont les brillantes qualités promettaient un digne petit fils du grand Condé ; il était né le 2 Août 1772. Sa mémoire fut honorée, dans tous les cours de l'Europe,

par des cérémonies réligieuses. On célé-
bra à Saint-Pétersbourg un service où le
cénotaphe portait l'incription suivante :

Au grand et magnifique Prince ,
Louis-Antoine-Henri
Bourbon-Condé , duc .d'Enghien ,
Non moins recommandable
Par sa valeur personnelle
Que par celle de ses ancétres :
Un monstre corse ,
La terreur de l'Europe ,
Le fléau du genre humain ,
L'a dévoré à la fleur de son âge.

Notice sur les premier Avril 1814 et 1815.

Bordeaux, 1 Avril.

C'est du premier Avril 1814 qu'est da-
tée cette fameuse proclamation du Conseil général du département de la Seine,
et du Conseil municipal de Paris , dans
laquelle furent exprimés les vœux les
plus ardens pour le renversement. de
l'autorité usurpatrice , et pour le rétablissement de la monarchie légitime ,
dans la personne de Louis XVIII.

Cet acte solennel, que l'histoire a re-
cueilli , signale pour jamais à la reconnaissance nationale les noms des seuls
magistrats de Paris qui, pendant vingt-

cinq

cinq ans d'oppression , aient osé faire
entendre le cri de la fidélité. Nous rapportons avec plaisir quelques fragmens
de cette courageuse déclaration.

...... « Vous devez à *un seul homme*
tous les maux qui vous accablent. C'est
lui qui, chaque année, par la conscription, décime vos familles. Qui de nous
n'a perdu un fils , un frère, des parens,
des amis ? Pour qui sont morts tous ces
braves? Pour *lui seul* , et non pour le
pays...... Pour quelle cause ?... Ils ont
été immolés , uniquement immolés à la
démence de laisser après *lui* le souvenir
du plus épouvantable oppresseur qui ait
pesé sur l'espèce humaine.

» C'est *lui* qui , au lieu de 400 millions que la France payait sous nos bons
et anciens Rois , pour être libre, heureux et tranquille , nous a surchargés
de plus de 1500 millions d'impôts, aux-
quels il menaçait d'ajouter encore.

» C'est *lui* qui nous a fermé les mers
des deux mondes , qui a tari toutes les
sources de l'industrie nationale, arra-
ché à nos champs les cultivateurs , les
ouvriers à nos manufactures.

» A *lui* nous devons la haine de tous
les peuples, sans l'avoir méritée ; puisque, comme eux, nous fûmes les mal-

I

heureuses victimes bien plus que les tristes instrumens de sa rage. -

» .... Que nous parle-t-on de ses victoires passées ?..... Quel bien nous ont-elles fait ces funestes victoires ? La haine des peuples, les larmes de nos familles, le célibat forcé de nos filles, la ruine de toutes les fortunes, le veuvage prématuré de nos femmes, le désespoir des pères et des mères à qui, d'une nombreuse postérité, il ne reste plus la main d'un enfant pour leur fermer les yeux : voilà ce que nous ont produit ces victoires !..... »

Nous rappelons d'autant plus volontiers quelques traits de ce tableau de nos malheurs passés, qu'il semble déjà être oublié, bien qu'il ait à peine trois ans de date.

Il est une autre journée du premier Avril dont la mémoire vivra long-temps dans le cœur des Bordelais ; c'est celle où une auguste Princesse enchaîna leur courage par un nouveau serment, et commanda la soumission à ceux qui avaient juré de mourir pour sa défense et pour la cause du Roi ; époque douloureuse autant que mémorable, où la Fille de Louis XVI se condamna aux rigueurs d'un nouvel exil, en laissant aux Bordelais, comme un monument de sa bonté, de ses regrets, ses adieux touchans.

Lettre intéressante, d'un Parisien, à un de ses amis à Bordeaux, en avril 1817, sur la position actuelle de la France.

MON CHER AMI (1),

Plus j'observe le bon esprit et le bon sens des hommes qui vont devenir mes juges en devenant mes lecteurs, plus je me trouve embarrassé pour imaginer des choses dignes de les intéresser et de leur plaire. Une remarque importante, qui a renversé tous mes projets, et que j'ai faite à mesure que je m'éloignais des bords de la Seine, c'est que la *politicomanie*, qui agite encore tant de têtes parisiennes, se fait à peine sentir dans les départemens. Accoutumé depuis long-temps à entendre les hommes de presque toutes les classes, et même des femmes aimables, demander à tout nouveau débarqué : « Vous venez de tel département, » Monsieur ; quel est l'esprit public de » ce pays-là ? » Je m'attendais qu'en arrivant à Bordeaux, je serais assailli de questions pareilles. « Vous venez de Pa-

(1). Cette lettre est du nouveau collaborateur attaché à la rédaction du Mémorial Bordelais.

» ris ; Monsieur ; quel est l'esprit pu-
» blic de la capitale ? » En conséquence, j'avais préparé mon thème à
peu près en ces termes :

« Messieurs, l'esprit public à Paris
est, en général, excellent. Le Roi est
adoré ; sa sagesse, sa clémence et son
inépuisable bonté envers ses peuples,
la haute estime dont il jouit auprès des
autres Souverains, le font regarder comme l'ange tutélaire de la France. L'affabilité des Princes, leurs manières aimables, leur active bienfaisance enchaînent
tous les cœurs. Des ministres à grands
talens, sous l'œil clairvoyant du Monar-
que, conduisent avec autant de fermeté
que d'adresse le vaisseau de l'Etat sur
une mer pénible ; et, malgré ses nombreuses avaries, ses voiles déchirées,
ses cordages rompus, le font voguer assez légèrement à travers les écueils,
chargé d'un poids énorme. » (Remarque bien, mon ami, que ceci était un
discours préparé ; que je m'étais flatté
de trouver une occasion de le débiter
devant quelque cercle nombreux, voire
sur quelle espèce de tribune ; c'est là
que la métaphore, quoique pas bien
neuve, eût été bien placée.) « La
longue discussion sur le budget, en annonçant, sans aucun détour, aux Français

les efforts extraordinaires qu'ils avaient
à faire pour soutenir le Gouvernement
et sauver la patrie , leur a fait connaître en même temps toute l'étendue de
leurs ressources. Aussi , depuis ce moment, le courage s'est ranimé, et se forti-
fie de jour en jour : par tout la confiance renaît , les impôts se payent , l'em-
prunt se remplit , tous les rouages de
l'administration marchent , et les effets
publics haussent dans une progression
rapide et au-dessus de toute espérance.

» Une preuve non moins éclatante
de l'amour pour le Roi , de la satisfaction générale que produit l'ordre actuel
des choses, de la sollicitude avec laquelle tous les bons Français cherchent
à écarter les épines que le Gouvernement
pourrait rencontrer dans sa marche, c'est
l'empressement de tous les corps civils
et militaires , des établissemens publics,
des artistes et de tous les individus de la
classe aisée, à seconder les vues bien-
faisantes de S. M. pour le soulagement
de la classe indigente. Peu d'années de
notre histoire avaient inspiré plus de
terreurs et d'alarmes que l'année présente. Au fléau dévastateur d'une invasion étrangère s'était uni le fléau plus
terrible encore d'une effrayante stérilité;
des récoltes presque partout manquées,

I 3

un grand commerce tout-à-coup para-
lisé , une multitude immense d'ouvriers sans travail et sans pain, et, dans
une telle crise , des impôts énormes à
payer.... que de semences de troubles !
que de motifs d'espoir pour les mécon-
tens ! car il en reste encore. Mais grâces aux mesures du Gouvernement, grâces à la charité, qui n'avait jamais été
plus vive et plus éclairée, la classe ou-
vrière se soutient ; pas un soupir ne s'est
fait entendre dans la capitale ; à peine
a-t-on remarqué quelques murmures des
agitateurs dans les départemens lointains , comme le dernier souffle des
vents qui fuient et de la tempête qui
s'appaise. »

✤ ✤ ✤ ✤ ✤ ✤ ✤ ✤ ✤ ✤ ✤ ✤ ✤ ✤ ✤

Notice intéressante sur les événemens de 1815 et sur l'organisation du corps de Marie-Thérèse (1), tant infanterie que cavalerie, qui a été organisé à Bordeaux et dans le département de la Gironde, dès le 2 Avril 1815.

La France s'était enfin dépouillée de ses longs habits de deuil, pour reprendre sa robe éclatante parsemée de lis ; heureuse, le front rayonnant d'espoir et de clémence, ornée du royal diadème, elle respirait, après vingt-cinq ans de malheurs inouïs, sous des loix protectrices et le règne de son Roi légitime rendu à ses vœux ! l'épouvantable fléau de la conscription militaire, rentrait dans les abîmes de l'enfer d'où il n'aurait jamais dû sortir. La tendre et sensible mère sé-

---

(1). Ce corps a rendu les plus grands services à la cause royale et ne craignait pas les effets de la tyrannie, qui le menaçait pendant les cent jours d'usurpation. Les tableaux en sont faits séparément, et ont été offerts manuscrits à S. A. R. Mgr. duc d'Angoulême, le 7 Mars 1816.

chait ses larmes, en songeant quelle con-
serverait du moins son enfant auprès
d'elle, et l'autre, moins heureuse cependant, goûtait un charme tout aussi
délicieux, quoique mêlé d'amertume,
en revoyant de retour son fils *sauvé*,
qu'un barbare despote avait fait mutiler.
L'artiste et l'ouvrier établis présageaient
avec raison, le rétablissement des travaux utiles et lucratifs ; le négociant in-
dustrieux, qui avait vécu autrefois sous
les doux empire des Bourbons, versaient
des larmes de joie !......

Louis le Désiré quittait alors la
terre hospitalière avec sa fille adoptive
et si chère ..... il s'avançait, à pleine
voiles, vers les rivages de Calais, si célèbres par son ancienne et touchante fidélité. La population entière était sur le
bord de la mer : les démonstrations
d'une allégresse enivrante accueillirent
l'auguste frère de l'infortuné Louis XVI.
Ah ! quelle plume assez éloquente pourrait rendre des scènes aussi sublimes et
aussi touchantes ! oui, tout le talent de
Bossuet, de *Racine* et de *Massilon* pa-
raîtrait aujourd'hui d'une couleur ter-
ne, en retraçant les mouvemens de ce
tableau aussi imposant que magnifique
et varié.

La même ivresse attendait, accueillit

bientôt après le *véritable Roi* dans son antique et chère *Lutèce* ; son entrée fut une marche triomphale. Après avoir, sur toute sa route, béni en pleurant l'immense cortège de ses enfans qui lui tendaient les bras, il se rendit au temple du Roi des Rois, qui recueillit dans son sein ses vœux fervens et ses larmes délicieuses.

Mais que ces jours de bonheur furent de courte durée! Depuis l'instant où *le Désiré* occupa le palais de ses ancêtres , au milieu des enfans fidèles qui entouraient en foule sa personne sacrée de leur tendresse , il s'en trouvait de *perfides* et *d'ingrats* qui , *la fausse joie* sur les traits, se juraient, tout bas, d'anéantir ces heureux présages, ce concours unanime d'espérance et d'amour.

Mais à peine dix mois d'un règne fortuné s'étaient ainsi écoulés, que leur projets se réalisèrent , et l'orage, précurseur de la plus affreuse tempête , commençait à gronder ; de sinistres messages se dirigaient des côtes maritimes de l'Italie sur la France ; les satellites de l'homme *de l'île d'Elbe* avaient déjà renoué *le pacte infernal* qu'ils avaient fait en partant , avec ceux qui étaient restés en France; enfin , le 26 Février 1815, au sein d'une fête qu'enveloppent les voiles mystérieu-

ses de la nuit, le *vaisseau* part au milieu de ces cris : *Paris ou la mort*, em-
portant avec rapidité cette poignée de
perfides qui, le 1.er Mars, débarquent,
avec *leur chef odieux*, sur cette même
plage où 17 ans auparavant, il se fit sa-
luer comme un second *Monck* et *le précurseur* des Bourbons, dont il avait alors
aussi, comme dans ce même instant encore, juré pour toujours l'expulsion entière.

Une commotion générale se commu-
nique alors des bords de la Provence
jusqu'aux rives de l'*Aquitaine*; Bordeaux,
la ville fidèle, en frémit d'horreur, et
prend les armes ; elle avait le bonheur
de posséder, depuis le 5 du même mois,
S. A. R. Monseigneur, et son auguste
compagne, venus exprès pour célébrer,
au milieu de l'allégresse générale, ce jour
d'éternelle et glorieuse mémoire où, à
pareille époque, il avait lui-même fait
son entrée, accueilli et escorté par cette
même *Garde Royale presque toute composée, en partie, d'anciens vétérans du
royalisme* ; Mais le Prince se voit obligé
de s'arracher à nos transports d'amour ;
et, du sein des fêtes, il vole aux combats !... La population entière, dans ce
malheur public, se trouve encore heureuse d'avoir à la tête de son adminis-

tration *civile et militaire*, l'héroïne Marie-Thérèse, cette auguste fille du plus
malheureux des Rois ! Sa présence cen-
tuple partout le zèle et le mouvement ;
de toutes parts les citoyens s'offrent et
s'inscrivent sous le nom de *volontaires* ;
ils demandent à grands cris des armes et
des munitions ; ils brûlent de marcher,
et son prêts à mourir pour Louis et pour
ELLE !

Cependant , tandis que le fléau du
monde , (l'usurpateur), s'avançait avec
la rapidité *d'un vautour* , vers les portes
de la capitale , ses agens infernaux se répandaient en tous lieux ; Paris le vit en
frémissant , entrer de nouveau , dans
le palais désert de nos Rois ; un de ses
principaux émissaires se dirige aussitôt
sur Bordeaux , avec le titre de général
muni d'ordres affreux et *illimités*. La
Garde nationale , les Gardes royaux et
divers autres détachemens nombreux ,
se portent à sa rencontre , aux cris mille
fois répétés *de vive le Roi ! vivent les
Bourbons ! et vive Madame !* Les fidèles
compagnies de l'artillerie font leur devoir (1) , en répondant aux décharges des
satellites; et les cris d'allégresse des Bordelais semblent , à ce signal de la résis-

---

(1) Tout le monde voulait combattre ; mais des
obstacles insurmontables s'y opposaient.

tance annoncer un succès complet ;
mais vaine et trompeuse espérance !..
Les généraux perfides , et leur chef
à leur tête , composant l'état-major général de la division , avaient déjà réussi
à tout paraliser. La troupe de ligne, gagnée
et corrompue d'avance, menaça la ville ;
les troupes fidèles manquaient d'armes ,
de munitions , et leurs généreuses résolutions se trouvaient ainsi comprimées.

Alors tous les efforts de MADAME de-
viennent inutiles pour triompher des
obstacles dont elle avait été environnée !
ni la harangue sublime qu'elle adressa
aux troupes , dans le sein du Château-
Trompette, en les rappelant *à l'honneur*
et à la loyauté, ni son courage, ni sa
grandeur d'ame , ne purent parvenir à
toucher leur cœur féroce ; celle qui trouvait des cœurs purs et fidèles dans chaque habitant de Bordeaux , eut la douleur de ne pouvoir ramener à l'amour
du Roi une poignée d'hommes indignes
d'être nés Français , et dont aucun , il
faut le dire , n'était de Bordeaux.

Cependant les heures de cette affreuse
journée s'écoulent avec rapidité. Cette
adorable Princesse voit que le sang des
Bordelais va couler sans espoir comme
sans nul succès ...... Elle s'empresse de
défendre aux fidèles de résister plus long-

temps, et une capitulation, pour laquelle elle emploie M. de Martignac fils , en livrant *la cité royale et fidèle* à l'ennemi du Roi, la plonge dans la consternation la plus profonde. Madame s'éloigne de nos murs, au milieu des sanglots ; et dès - lors tous les caractères frappés de la douleur et des calamités publiques s'impriment fortement sur les traits de chaque habitant, se répandent dans toutes les maisons , sur les places , et dans toutes les rues de cette ville , naguère si brillante et si fortunée ! ..... Les troupes du bourreau des Français font une irruption dans la ville et dans tout le département; des menaces et des incarcérations attentent à la sureté des hommes de bien ; la terreur est universelle, parce que partout se renouvelle le système affreux de 93.

Mais le vaisseau qui transportait le dépôt si précieux qui nous avait été confié, l'objet de nos tendres sollicitudes, touchait déjà une rive hospitalière , et *Marie - Thérèse* était auprès de sa seconde famille , *les Bourbons* d'Espagne, célèbres aussi, comme ceux de France, par leurs adversités. Les souvenirs et les sentimens d'amour que Madame avait laissés dans les cœurs bordelais, excitèrent plus que jamais en eux l'ardent

K

désir de se rallier secrètement, sous les auspices de cette auguste fille des Rois ; et s'ils ne furent pas aussi heureux que beaucoup d'autres braves qui la suivirent au-delà des Pyrénées , du moins ils s'empressèrent d'entretenir une correspondance secrètement concertée,et très-active,avec quelques principaux d'entre eux. (Un corps tant infanterie que cavalerie) fut aussi organisé à Bordeaux, comme à Victoria , et prit l'auguste nom de MADAME ; ceux à qui leur position particulière permit de se joindre à *ces nouveaux émigrés*, partirent pour aller grossir le nombre de ceux qui avaient été former cette *sainte croisade contre des impies sacrilèges ;* les autres , en demeurant à Bordeaux, ou aux environs , ne furent pas moins utiles à la cause sacrée, en s'enrôlant eux - mêmes *sous les vertes bannières liserées de blanc,* de *la légion de Marie-Thérèse* (1). Ce nouveau corps, organisé dans cette ville, sous le glaive *d'une police inquisitoriale,* rendit les services les plus signalés. Il était composé de la plus grande partie de ceux qui avaient

_____

(1) MM. le comte de Lastours, Thevenot, secondés de Monsieur Ducos et autres, organisèrent la cavalerie , et M. le marquis de Chesnel secondé d'une foule d'autres braves organisèrent l'infanterie. (Voyez les tableaux).

appartenus à *la Garde royale* (infanterie et cavalerie) du 12 Mars 1814 et
1815, beaucoup de Gardes nationaux, et
d'un grand nombre d'autres militaires de
la ligne qui, à ces époques, ne s'étaient
pas moins dévoués à la cause sacrée de
la légitimité.

La situation de cette légion était ainsi
parvenue, dans le secret, à ce degré
d'organisation ; et au mois d'Avril 1815,
elle était arrivée à ce point d'utilité
d'acquérir et de mériter tous les droits
possibles à la reconnaissance de la France et du Souverain, lorsque l'issue des
événemens de la guerre, dont la Belgi-
que devenait *le vaste théâtre*, étaient
vivement attendus. La mi - Juin devait
les voir se dérouler et se décider. La
mémorable bataille de *Waterloo*, livrée
et gagnée aussi-tôt, en dirigeant sur la
tête seule de *l'usurpateur* toutes les
foudres des Alliés, amena de suite le
second retour de *l'auguste famille des
Bourbons*, et *avec elle*, le meilleur des
Rois, le plus tendre des pères, au milieu de ses enfans, *affamés de revoir
leur chef légitime*, et s'avançant, couvert de l'égide de la Providence, qui
avait mis enfin un terme à ses royales adversités !!!... Il arriva .... et les larmes
amères de ses fidèles sujets furent encore

séchées .... il arriva..... et ils se pros-
ternèrent tous à ses pieds, en rendant,
pour ainsi dire, un culte bien mérité au
sauveur, au père de la patrie !

*Lettre de S. A. R. Mgr. duc d'Angou-
lême, sous la date du 13 Mars 1816,
à MM. les Volontaires royaux du 12
Mars 1814, en reconnaissance du
plaisir qu'elle a eu de recevoir une
adresse de ces derniers, dans laquelle
ils renouvellent à Monseigneur et à
l'auguste Famille Royale l'expression de leurs sentimens.*

Nota. Cette lettre a été adressée originale à
Monsieur le chevalier Taffart de St.-Germain,
qui s'empressa d'en donner lecture, à Plaisance, le
20 Mars 1816, où ces Messieurs étaient réunis,
d'après une invitation faite par la voie du Mémorial Bordelais.

« Messieurs de la Garde royale du
,, *Douze-Mars* 1814 (volontaires royaux
,, à pied et à cheval), j'ai reçu la nouvelle
,, expression de vos sentimens que vous
,, venez de m'adresser ; vous en avez
,, donné trop de preuves, et particuliè-
,, rement l'année dernière, à la Duchesse
,, d'Angoulème, pour que ce nouveau té-
,, moignage me fût nécessaire ; mais je

,, ne l'en reçois pas moins avec une véri-
,, table sensibilité et une entière confiance
,, que votre dévouement pour le Roi et
,, pour nous ne variera jamais. Comptez
,, également sur ma parfaite estime, et
,, ma constante affection.

,, Paris, 13 Mars 1816.

Signé Louis-Antoine. »

M. le chevalier de Taffart de St-Germain, après avoir communiqué cette lettre, et les détails que la précèdent à MM. les gardes et volontaires royaux, a interprété dignement les intentions de Monseigneur, en faisant remettre à chacun d'eux un exemplaire imprimé de la lettre de S. A. R.

***

Lettre de S. A. R. Mgr. duc d'Angouléme (1), *à M. le général Elie Papin, commandant en chef l'Armée Royale de Guyene , orga- nisée dès 1796 , d'après les pouvoir du Roi.*

S. A. R. Mgr. le duc d'Angouléme, n'ignorant pas le dévouement et les services qu'avait rendu à la cause

---

(1) On assure qu'elle lui a été adressée le premier Janvier 1817 : du reste , elle est extraite du Mémorial Bordelais du 5 Mai 1817 , où se trouve le jugement rendu en faveur de M. le maréchal-de-camp Papin , qui casse celui rendu contre lui

K 3

royale le gén^{al} Papin, en ayant donné les preuves à son entrée à Bordeaux, où il fut reçu et entouré par une partie de l'armée royale que cet officier général avait organisée et comman-

---

le 23 Frimaire an 14, par la commission spéciale de Nantes, qui le condamnait à la peine de mort, comme ayant servi l'agence d'Angleterre dans des projets tendans à renverser le gouvernement alors existant.

Ce brave et digne soutien de la cause sacrée des Bourbons a demandé la parole à M. le Président, qui la lui accorda, et a dit aussi-tôt, avec la chaleur d'une ame expansive et toute dévouée à son Roi :

« Je dois à mon honneur, dit-il, je dois à l'armée royale de Guyenne, dont le commandement a été confié par le Roi à mon zèle et à ma fidélité, de déclarer ici que je m'attendais à entendre M. le Rapporteur blanchir entièrement ma réputation de l'imputation qui m'était faite d'avoir été l'instrument d'une agence étrangère.

» Je suis Français, M. le Président ; tous ceux que j'ai eu sous mes ordres étaient Français comme moi ; je n'ai reçu d'impression, je n'ai reçu d'ordres que du Roi. Mon cœur et mes amis sont toujours demeurés purs et sans tache ; je me suis toujours montré digne de me trouver à la tête de ceux qui s'étaient dévoués à la cause du Roi, sans calculer les chances qui s'opposaient au succès de la noble entreprise à laquelle nous nous étions livrés.

» C'est donc comme soldat dévoué au Roi et à sa cause que j'ai pu être condamné, et que je dois être réhabilité. »

A ces mots, qui expriment avec tant de noblesse les sentimens d'un cœur français, M. le Président félicite, comme organe du Conseil, M. le général Papin, d'avoir eu à prononcer la nullité de son jugement, et d'avoir rendu justice à un aussi fidèle et un aussi zélé serviteur du Roi.

dée dès 1796 ; voulant lui témoigner tout l'intérêt que sa conduite et ses malheurs lui inspiraient, lui a fait adresser, par son premier gentilhomme, M. le duc de Damas, la lettre suivante :

A M. le général Elie Papin.

J'ai l'honneur de vous informer, Monsieur, que Monseigneur le Duc d'Angoulême s'est plu à rendre toute justice à vos constans et utiles travaux pour la cause royale, à Bordeaux. S. A. R. en a été informée, et en a vu les preuves à son entrée dans cette ville fidèle, le 12 Mars 1814. Si elle ne vous a pas trouvé à la tête de la brave Garde royale, *primitivement organisée par vos soins*, au milieu de dangers sans cesse menaçans, elle sait que vous gémissiez dans des contrées lointaines, sous le poids d'une sentence de mort prononcée contre vous par les ennemis du Roi. Ainsi, elle pense que personne n'a plus de droit que vous, M. le général, à porter la décoration que le Roi a daigné accorder aux Bordelais dévoués qui ont accompagné en armes

Monsr. à cetteé poque glorieuse. J'ai, en conséquence, mandé à M. le chevalier François de Gombault, chargé de l'expédition des brevets, les disposi ions de S. A. R. à votre égard ; il s'est fait un grand plaisir de m'adresser, pour vous le remettre, le titre d'une exception honorable et *unique* à la lettre même du régl ment, qui exige la présence effective sous les armes le 12 Mars 1814. J'éprouve une véritable satisfaction d'avoir à vous transmettre ce témoignage de l'estime due à votre dévouement et à vos services. Je saisis cette occasion pour vous offrir, M. le général, l'assurance de la considération personnelle avec laquelle j.ai l'honneur d'être, etc.

Signé DUC DE DAMAS.

TABLE

DES MATIÈRES.

(119)

FIN.

www.ingramcontent.com/pod-product-compliance
Lightning Source LLC
Chambersburg PA
CBHW052033270326

41931CB00012B/2470